ZEN ET ARTS MARTIAUX

« *Spiritualités vivantes* »

TAISEN DESHIMARU

Zen
et arts martiaux

Présentation de Marc de Smedt

Postface du docteur Claude Durix

Albin Michel

Albin Michel
■ *Spiritualités* ■

Collection « Spiritualités vivantes »
dirigée par Jean Mouttapa et Marc de Smedt

Première édition :

© Éditions Seghers, Paris, 1977

Édition au format de poche :

© Éditions Albin Michel, 1983

Présentation

En 1975, lors d'une session, en Suisse, d'initiation à la pratique du Zen et des arts martiaux, le besoin se ressentit d'approfondir les rapports existants entre méditation et action.

Maître Deshimaru fit donc à cette occasion un certain nombre de *kusen* (enseignement oral durant zazen) sur ce sujet et expliqua la vraie filiation du Zen et des arts martiaux qui mènent tous deux à l'*esprit de la Voie*. Car tout combat, qu'il se situe à l'intérieur ou à l'extérieur de nous, est toujours combat contre nous-même.

Les notions fondamentales concernant le *ki* (l'énergie vitale, agissante) — l'opportunité, la tension, l'apprentissage de la technique, la condition du corps, l'état de la conscience et de l'éveil de l'esprit — furent alors développées puis illustrées par les combats que dirigeait Maître Yuno, 8ᵉ Dan de *kendo*, venu spécialement du Japon pour participer à cette *sesshin*.

Tous les participants purent ressentir intimement dans leur être cette phrase du grand stratège chinois Sun Tse qui écrivait :

« Connais ton adversaire et connais-toi toi-même ; eussiez-vous cent combats à soutenir cent fois vous serez victorieux.

« Si tu ignores ton adversaire et que tu te connais toi-même, les chances de perdre et de gagner sont égales.

« Si tu ignores à la fois ton adversaire et toi-même, tu ne compteras tes combats que par des défaites. »

Le dojo se transformait, suivant les heures, en dojo de méditation où régnaient calme et silence des postures immobiles en zazen, puis en dojo de combat. Mais, au-delà de toute notion de gagner ou de perdre, la grande leçon de cette session restera que Zen et arts martiaux sont l'apprentissage de la vie et de la mort.

Le texte issu des conférences fut complété par une série d'entretiens *(mondo)* qui, de semaine en semaine durant un mois, regroupèrent quelques disciples particulièrement intéressés dans la chambre du maître à Paris.

Ont participé plus particulièrement à l'élaboration de cet ouvrage : Janine Monnot, Evelyne de Smedt, le Docteur Durix, Vincent Bardet, Fausto Guareschi et ceux qui assistaient à cette session de Zinal consacrée à l'esprit du Zen et des arts martiaux.

MARC DE SMEDT.

Première partie

BUSHIDO :
LA VOIE DU SAMOURAI

Bushido, la Voie du samouraï.

Le hall d'exercice où s'apprend l'art de l'épée porte de longue date ce nom : lieu de l'éveil[1].

L'art du tir à l'arc ne consiste nullement à poursuivre un résultat extérieur avec un arc et des flèches, mais uniquement à réaliser quelque chose en soi-même.

N'étais-je donc pas parvenu au point où commençait à se faire sentir l'influence du Zen sur l'art du tir à l'arc ?

La découverte, au plus profond de l'être, de l'essence sans fond et sans formes découle d'une méditation dirigée avec méthode dans les voies propres du Zen.

Professeur E. HERRIGEL,
*Le Zen dans l'art chevaleresque
du tir à l'arc.*

---

1. *Dojo.*

Force et sagesse

Comment être le plus fort ? Le plus puissant ?

Comment éclaircir son esprit, guider sa conduite, devenir sage ?

Dès l'aube de son histoire, l'être humain a manifesté le désir de se surpasser en force et en sagesse, aspirant à atteindre la plus grande force et la plus haute sagesse.

Mais, par quel moyen peut-on devenir fort et sage à la fois ?

Au Japon, on s'y applique par la pratique des arts martiaux, ou Budo, et par la voie du Zen. Cet enseignement traditionnel s'est maintenu, encore que le *Budo* japonais tende aujourd'hui à devenir dualiste : apprendre à être fort plutôt qu'à devenir sage.

Fort et sage : le Zen nous enseigne les deux voies en une seule.

Comme vous le savez, les possibilités de notre corps et de notre esprit sont limitées, c'est là le lot de notre condition. Notre sagesse aussi est limitée car nous ne sommes que des hommes.

L'homme ne peut pas prétendre à la force physique du lion ; il ne peut pas davantage prétendre égaler la sagesse de Dieu.

Pourquoi pas d'ailleurs ? N'existe-t-il donc pas une Voie qui permette à l'homme de franchir les limites de son humanité ? De passer au-delà ?

C'est pour apporter une réponse à cette espérance

fondamentale que le *Budo* a produit le principe du *wasa*. On peut définir le *wasa* comme un art, comme une sorte de super-technique transmise de maître à disciple, permettant de s'imposer aux autres hommes et de s'élever au-dessus d'eux. Le *wasa* du *Budo* japonais remonte à l'époque historique des samouraïs. C'est un pouvoir, au-delà de la force propre de l'individu.

Le Zen, lui, a créé une autre super-technique, qui non seulement donne la force physique et mentale, mais encore ouvre la voie de la Sagesse, la voie d'une sagesse semblable à celle de Dieu ou de Bouddha. C'est cela *zazen*[1] : un entraînement à s'asseoir dans une posture traditionnelle, un entraînement à marcher, à se sentir debout, à respirer correctement ; une attitude mentale, l'état de conscience *hishiryo*, une éducation profonde et originale.

---

1. Pour plus de détails sur la posture de zazen, voir p. 116 et suivantes.

La noble lutte du guerrier

Le *Budo* est la voie du guerrier; il regroupe l'ensemble des arts martiaux japonais. Le *Budo* a approfondi de manière directe les relations existant entre l'éthique, la religion et la philosophie. Sa relation avec le sport est toute récente. Les textes anciens qui lui sont consacrés concernent essentiellement la culture mentale et la réflexion sur la nature du moi : qui suis-je ?

En japonais, *Do* signifie la Voie. Comment pratiquer cette Voie ? Par quelle méthode peut-on l'obtenir ? Ce n'est pas seulement l'apprentissage d'une technique, un *wasa*, et encore moins une compétition sportive. Le *Budo* inclut des arts comme le *Kendo*, le *Judo*, l'*Aikido*, et le *Kyudo* (tir à l'arc). Pourtant, le *kanji Bu* signifie aussi stopper, arrêter la lutte. Car, dans le *Budo,* il ne s'agit pas seulement de concourir, mais de trouver paix et maîtrise de soi.

Car *Do* est la Voie, la méthode, l'enseignement pour comprendre parfaitement la nature de son propre esprit et de son Moi. C'est la voie du Bouddha, la *Butsu Do,* qui permet de découvrir réellement sa propre nature originelle, de s'éveiller du sommeil de l'ego endormi (notre moi étriqué), et d'atteindre la plus haute et la plus totale des personnalités. En Asie, cette Voie est devenue la morale la plus élevée et l'essence de toutes les religions et de toutes les philosophies. Le Yin et le

Yang du Yi-King ou « l'existence est rien » de Lao
Tseu, y trouvent leurs racines.

Qu'est-ce à dire ? Qu'on peut oublier son corps et
son esprit personnel : atteindre l'esprit absolu, le
non-ego. Harmoniser, fusionner le Ciel et la Terre :
l'esprit intérieur laisse passer les pensées et les
émotions. Il est tout à fait libre de son environnement. L'égoïsme est abandonné. Telle est la source
des philosophies et des religions d'Asie. L'esprit et le
corps, l'extérieur et l'intérieur, la substance et les
phénomènes : ces couples ne sont ni dualistes ni
opposés, mais forment une unité sans séparation.
Un changement, quel qu'il soit, influence toujours
toutes les actions, toutes les relations entre toutes
les existences. La satisfaction ou l'insatisfaction
d'une personne influencent toutes les autres personnes. Nos actions personnelles et celles des autres
sont en relation d'interdépendance. « Votre bonheur doit être mon bonheur, et si vous pleurez, je
pleure avec vous. Lorsque vous êtes tristes, il me
faut devenir triste, et quand vous êtes heureux, je
dois l'être aussi. » Tout est lié, tout s'osmose dans
l'univers. On ne peut séparer la partie du tout :
l'interdépendance régit l'ordre cosmique.

En cinq mille ans d'histoire orientale, la plupart
des sages et des philosophes se sont concentrés sur
cet esprit, sur cette Voie, et l'ont transmise.

Le *Shin Jin Mei*[1], livre, très ancien, d'origine
chinoise, dit : « Shi Do Bu Nan »... la plus haute
voie n'est pas difficile, mais il ne faut pas choisir. Il
ne faut avoir ni goût ni dégoût. Le *San Do Kai*[2] dit

---

1. Voir *Textes sacrés du Zen*, vol. II, éd. Seghers.
2. Ou « L'essence et les phénomènes s'interpénètrent », voir *La Pratique
du Zen* par T. Deshimaru, éd. Seghers.

aussi : « Il y a séparation comme entre une montagne et une rivière si vous avez des illusions. »

Le Zen signifie l'effort de l'homme pratiquant la méditation, le zazen. Effort pour atteindre le domaine des pensées sans discrimination, la conscience au-delà de toutes les catégories, englobant toutes les expressions du langage. Cette dimension, on peut l'atteindre par la pratique du zazen et du Bushido.

Les sept principes

La fusion du Bouddhisme et du Shintoïsme a permis la création du *Bushido,* la Voie du samouraï. On peut résumer cette Voie en sept points essentiels :

1. *Gi :* la décision juste dans l'équanimité, l'attitude juste, la vérité. Quand nous devons mourir, nous devons mourir.
2. *Yu :* la bravoure teintée d'héroïsme.
3. *Jin :* l'amour universel, la bienveillance envers l'humanité.
4. *Rei :* le comportement juste, qui est un point fondamental.
5. *Makoto :* la sincérité totale.
6. *Melyo :* l'honneur et la gloire.
7. *Chugi :* la dévotion, la loyauté.

Ce sont les sept principes de l'esprit du Bushido. *Bu :* arts martiaux. *Shi :* le guerrier. *Do :* la Voie.

La voie du samouraï est impérative et absolue. La pratique venant du corps à travers l'inconscient y est fondamentale. D'où la très grande importance accordée à l'éducation du comportement juste.

Les influences entre le Bushido et le Bouddhisme ont été réciproques. Mais le Bouddhisme a marqué le Bushido par cinq aspects :

a) L'apaisement des sentiments.
b) L'obéissance tranquille face à l'inévitable.

c) La maîtrise de soi en présence de n'importe quel événement.

d) L'intimité plus grande avec l'idée de la mort qu'avec celle de la vie.

e) La pure pauvreté.

Avant la Seconde Guerre mondiale, le Maître Zen Kodo Sawaki donnait des conférences aux plus grands maîtres d'arts martiaux, aux plus hautes autorités du Budo. En français, nous confondons arts martiaux et arts de la guerre ; mais en japonais, c'est : la Voie. En Occident, ces arts martiaux, si en vogue, sont devenus un sport, une technique, sans l'esprit de la Voie.

Dans ses conférences, Kodo Sawaki disait que le Zen et les arts martiaux ont le même goût et sont une unité. Dans le Zen comme dans les arts martiaux, l'entraînement compte beaucoup. Combien de temps faut-il s'entraîner ? Beaucoup de gens m'ont demandé : « Pendant combien d'années faut-il que je fasse zazen ? » Et je réponds : « Jusqu'à votre mort. » Alors mes interlocuteurs ne sont pas très satisfaits. Les Européens veulent apprendre rapidement, certains même en un seul jour. « Je suis venu une fois et j'ai compris », disent-ils ! Mais le dojo est différent de l'Université.

Et dans le Budo aussi, il faut continuer jusqu'à la mort.

Les trois étapes

Shojin, la première étape : une époque de pratique avec la volonté et la conscience est nécessaire au début. Dans le Budo, comme dans le Zen, cette période dure environ trois ou cinq ans, et autrefois plus de dix ans.

Pendant ces dix années, il fallait continuer la pratique du zazen avec sa volonté. Mais il arrivait qu'après trois ou cinq ans de vraie pratique, le Maître accorde le *shiho*[1]. A cette époque, il fallait vivre dans un temple et suivre des *sesshins*[2]. Cependant, dans le Japon actuel, le *shiho* est transmis de père en fils, et ce n'est plus qu'une sorte de formalisme. C'est pourquoi le vrai zazen a décliné et il n'existe presque plus de vrais Maîtres au Japon. Auparavant, il fallait passer au moins trois ans au temple de Eiheiji ou Sojiji, avant de recevoir l'ordination. Mais maintenant, il suffit d'une année ou de trois mois, ou même d'une *sesshin* pour pouvoir devenir moine.

Qui est Maître à notre époque ? Cette question est très importante. Qui est votre Maître ? La plupart des moines japonais répondraient à cette question : « Mon père. » En fait, seules des personnes comme moi, qui suis disciple de Kodo Sawaki, sont de vrais Maîtres ; cela fait quarante ans que je continue de

---

1. La transmission.
2. Sessions de méditation de plusieurs jours, voire plusieurs semaines.

suivre l'enseignement de mon Maître. Le dojo de Kodo Sawaki n'était pas comme celui de Eiheiji ; il était sans formalisme. Kodo Sawaki disait toujours : « Mon dojo est un dojo ambulant. » Il se rendait de temple en temple, d'école en université, à l'usine et même parfois dans les prisons. Son enseignement collait à la vie.

Dans le Zen comme dans le Budo, la première période, *shojin*, est donc la période d'entraînement par la volonté et l'effort conscients.

La deuxième étape est celle du temps de la concentration sans conscience, après le *shiho*. Le disciple est en paix. Il peut devenir réellement l'assistant du Maître. Ultérieurement, il pourra devenir Maître et enseigner à son tour aux autres.

Durant la troisième période, l'esprit atteint la vraie liberté. « A esprit libre, univers libre. » Après la mort du Maître, on est un Maître complet. Mais, évidemment, il ne faut ni attendre ni souhaiter la mort du Maître en pensant alors être libre !

Ces trois périodes sont identiques dans le Zen et le Budo.

Kendo, la Voie de l'épée.

Secret du Budo,
secret du Zen

Un jour, un samouraï, grand maître de sabre *(kendo)* voulut obtenir le vrai secret de l'escrime. C'était durant l'ère de Tokugawa. A minuit, il alla au sanctuaire de Kamakura, gravit les nombreuses marches qui y menaient et rendit grâce au dieu du lieu, Hachinam. Hachinam, au Japon, est un grand *Bodhisattva* devenu le protecteur du Budo. Le samouraï lui rendit grâce. En redescendant les marches, à minuit, il sentit, sous un grand arbre, la présence d'un monstre en face de lui. Par intuition, il dégaina son sabre en un instant et le tua. Le sang jaillit et s'écoula sur le sol. Il l'avait tué inconsciemment. Le Bodhisattva Hachinam ne lui avait pas livré le secret du Budo. Mais grâce à cette expérience, sur le chemin du retour, il le comprit.

L'intuition et l'action doivent jaillir en même temps. Il ne peut y avoir de pensée dans la pratique du Budo. Il n'y a pas une seule seconde pour penser. Quand on agit, l'intention et l'action doivent être simultanées. Si l'on se dit : « Le monstre est là, comment le tuer ? », si l'on hésite, seul le cerveau frontal entre en action. Or, cerveau frontal, thalamus (cerveau profond) et action doivent coïncider, au même instant, identiques. De même que le reflet de la lune sur le cours d'eau ne reste pas, alors que la lune, elle, brille et ne bouge pas. C'est la conscience *hishiryo*.

Quand je dis durant le zazen « pas bouger, pas

bouger », cela signifie en fait ne pas rester sur une pensée, laisser passer les pensées. Demeurer en parfaite stabilité signifie en réalité ne pas demeurer. Ne pas bouger, signifie en réalité bouger, ne pas dormir. C'est comme une toupie qui tourne : on peut la considérer comme immobile, mais elle est en pleine action. On ne peut voir son mouvement que lorsqu'elle part au début et qu'elle ralentit sur la fin. Ainsi, la tranquillité dans le mouvement est-elle le secret du *kendo,* la Voie de l'épée. Et aussi le secret du Budo et du Zen, qui ont même goût.

Cet esprit est le même dans tous les arts martiaux, quelles que soient leurs différences tactiques et techniques. Ainsi, le judo *(ju :* douceur — *do :* Voie) est la voie de la souplesse *(yawara).* Maître Kano en fut le fondateur après la révolution de Meiji. Les samouraïs, ces farouches guerriers, apprenaient le *yawara,* la technique de la douceur. Au Japon, les samouraïs devaient apprendre les arts de la guerre, et ceux de la vie civile. Ils devaient étudier le Bouddhisme, Lao Tseu, Confucius, et en même temps apprendre le judo, l'équitation, le tir à l'arc. Dès mon enfance, j'ai appris le *yawara* avec mon grand-père paternel. Mon grand-père maternel, lui, était docteur en médecine orientale. Dès cette époque, j'ai donc été influencé par le judo et l'esprit de la médecine orientale. J'ai compris alors peu à peu que les arts martiaux et le Zen n'ont qu'une seule saveur, et que la médecine orientale et le Zen sont unité. Kodo Sawaki, dans des conférences, disait que leur secret est *Kyu Shin Ryu,* « l'art de diriger l'esprit ».

Diriger l'esprit

Comment diriger notre esprit ? Cela relève du Zen, et non plus de la technique des arts martiaux. Les *arts martiaux plus le Zen* forment le *Budo japonais.* Comment éduquer notre esprit et apprendre à le diriger ? Kodo Sawaki parla donc de *Kyu Shin Ryu,* le secret du yawara, transmis par cette école, dans un texte traditionnel dont un chapitre traite de l'esprit tranquille. En voici un passage :

« La vraie technique du corps, le wasa de cette école de yawara, doit être la substance de l'esprit. La substance est l'esprit. Il ne faut pas regarder le corps de l'adversaire, mais il faut diriger notre propre esprit.

« Il n'y a pas d'ennemi.

« L'esprit est sans forme, mais parfois il peut en avoir une : cela est identique en zazen !

« Parfois on peut saisir notre esprit, mais parfois, c'est impossible. Quand l'activité de l'esprit remplit le cosmos, qui est l'espace compris entre le ciel et la terre, et quand nous savons saisir la chance qui se présente, alors nous pouvons disposer de tous les événements changeants, éviter tous les accidents et attaquer les dix mille choses en une seule. »

Sans commentaire. C'est un texte difficile à comprendre. Mais ceux qui ont pratiqué profondément le judo comprennent cet esprit.

Dans le *Genjo Koan,* autre texte traditionnel dont se servait Kodo Sawaki, il est dit : « Quand un homme s'éloigne en barque du rivage, il s'imagine que le rivage est en mouvement. Mais s'il abaisse

son regard, tout près de son embarcation, il se rend
compte que c'est elle qui se déplace. » En fait, si
nous regardons attentivement, intimement, à l'intérieur de notre barque, on peut comprendre que c'est
la barque qui se déplace, et dépasser l'illusion des
sens. Ainsi, quand les gens considèrent tous les
phénomènes de toutes les existences à travers leurs
illusions et leurs erreurs, ils peuvent se tromper et
penser que leur nature originelle est dépendante et
mobile. Mais s'ils deviennent intimes avec leur
véritable esprit, et s'ils reviennent à leur nature
originelle, alors ils comprennent que tous les phénomènes, toutes les existences sont en eux-mêmes, et
qu'il en est de même pour tous les êtres.

La nature originelle de l'existence ne peut être
réellement saisie par nos sens, nos impressions.
Quand nous la saisissons par nos sens, la matière
objective n'est pas réelle, elle n'est pas vraie substance, mais elle est imagination. Quand nous pensons comprendre que la substance de notre esprit
est telle, c'est une erreur. Chacun est différent. Les
formes et les couleurs sont les mêmes, mais chacun
les voit différemment à travers ses illusions : illusion physiologique et psychologique. Tous ces problèmes de notre vie quotidienne trouveront une
solution avec le temps, au bout de vingt ans, trente
ans ; et, au moment d'entrer dans notre cercueil, ils
seront de toute façon résolus. Le temps est la
meilleure solution aux problèmes d'argent ou
d'amour. Quand vous entrerez dans votre cercueil,
personne ne vous aimera plus ; sauf peut-être d'un
amour spirituel. Les problèmes de la vie sont
différents pour chacun, et chacun a besoin d'un
moyen différent pour résoudre ses problèmes. Il
nous faut donc créer notre propre méthode. Si on
imite, on se trompe. Il faut créer par soi-même.

Ici et maintenant

Vous et moi sommes différents. Si l'on ne peut trouver de solution à sa propre vie, celle-ci aboutit à une impasse ! *Ici et maintenant,* comment créer notre vie ? Un film se déroule, si on arrête, l'image devient fixe, immobile. Les arts martiaux et le Zen ont en commun la création et la concentration de l'énergie. En se concentrant « ici et maintenant », et en extériorisant la véritable énergie de notre corps, on peut observer et se recharger. Quand on ouvre la main, on peut tout obtenir. Si on ferme la main, on ne peut rien recevoir. Dans les arts martiaux, il faut pénétrer les éléments, les phénomènes, et ne pas passer à côté. Les arts martiaux sont donc essentiellement virils, car l'homme pénètre la femme. Mais à notre époque, tout le monde veut économiser son énergie et vit à moitié. On est toujours incomplet. Les gens vivent à moitié, tièdes comme l'eau du bain.

Il faut apprendre à pénétrer la vie.

Ainsi, le secret des arts martiaux est d'apprendre à diriger l'esprit, *Ryu Gi.* Cela forme la base des techniques corporelles. L'esprit doit devenir la substance. L'esprit est la substance, sans forme, mais parfois il a une forme. Quand l'activité de l'esprit emplit le cosmos tout entier, il saisit les occasions, il a une chance d'éviter les accidents et peut attaquer dix mille choses en une seule. Cela signifie que, pendant un combat, notre esprit ne doit pas être influencé par aucun des mouvements de l'adversaire, par aucune des actions de son corps et de son esprit. Notre esprit doit se diriger librement, ne pas avoir l'espoir d'attaquer l'adversaire, ni cesser d'y faire attention. On doit être complètement attentif d'instant en instant.

Dans notre vie quotidienne, c'est la même chose. Certaines personnes ne pensent qu'à l'argent, car il permet de tout satisfaire. Alors, pour lui, ils perdent leur honneur. D'autres ne désirent que les honneurs, et ils perdent leur argent. Certains ne se concentrent que sur l'amour, ils perdent leur argent et leur énergie. Pourtant, notre bonheur n'existe pas que d'un seul côté.

Nous devons créer notre vie, nous rendre libres, détachés, juste attentifs à l'ici et maintenant : tout s'y trouve.

« Le reflet de la lune dans la rivière est toujours en mouvement. Cependant, la lune existe et ne s'en va pas. Elle reste mais elle bouge. » C'est un poème très court sur le secret du Zen et des arts martiaux, et un très grand *koan*. Le courant de l'eau ne revient jamais en arrière. L'eau passe, passe... mais la lune ne bouge pas. Pendant un combat, l'esprit doit être comme la lune, mais le corps et le temps passent, passent, passent comme le courant. L'instant présent ne revient jamais. Pendant zazen, chacune de nos inspirations et de nos expirations est celle de maintenant, et ne revient jamais. Il est possible de rejeter sa respiration, mais celle de maintenant n'est pas celle d'avant. La respiration d'après n'est jamais comme celle d'avant. Hier, c'était hier. Aujourd'hui, c'est aujourd'hui. C'est différent. Je dis toujours que nous devons nous concentrer « ici et maintenant », créer « ici et maintenant ». Ainsi, on devient « frais », neuf. Le zazen d'hier n'était pas le même que celui d'aujourd'hui. Le zazen doit toujours être frais, « ici et maintenant ». Vous ne devez pas vous reposer pendant zazen, ou pendant l'entraînement aux arts martiaux. Le faire à moitié n'est pas bon. Il faut le faire à fond, s'y donner totalement. Nous ne devons pas avoir un reste d'énergie en réserve. Se concentrer signifie la sortie complète, la décharge totale de l'énergie. Cela doit se retrouver dans chacun des actes de notre vie.

Dans le monde moderne, nous voyons tout le contraire : les jeunes vivent à moitié et sont à moitié morts. Ils ont une sexualité incomplète. Et pendant leur travail ou pendant zazen, ils pensent au sexe, et inversement : il en est ainsi dans tous les actes de la vie.

Mais si on décharge son énergie totalement, on peut absorber de l'énergie fraîche, qui coule comme le courant de l'eau.

Pendant un combat, si on épargne un reste d'énergie, on ne peut pas gagner. C'est un secret des arts martiaux. Nous ne devons pas dépendre des wasa, de la technique. Il faut créer. Si un homme riche donne de l'argent à son fils, celui-ci n'apprendra pas à en gagner. Et, inversement, le fils d'un homme pauvre saura créer la méthode pour s'en procurer. Les arts martiaux ne sont pas du théâtre ni un spectacle. Ce n'est pas là le vrai Budo. Le secret des arts martiaux, disait toujours Kodo Sawaki, c'est qu'il n'y a ni victoire ni défaite. On ne peut ni vaincre ni être vaincu ! Le sport et les arts martiaux sont différents. Dans le sport, il y a le temps. Dans les arts martiaux, il n'y a que l'instant. Par exemple, dans le base-ball, le « batteur » attend la balle, il a le temps : l'action ne se produit pas dans l'instant. Il en est de même en tennis, rugby, football, et tous les autres sports. Le temps s'écoule et permet de penser à quelque chose pendant un petit moment, pendant qu'on attend ! Dans les arts martiaux, il n'y a pas le temps d'attendre. La victoire ou la non-victoire, la vie ou la non-vie, se décident en un instant. Il faut vivre dans l'instant : c'est là que la vie et la mort se décident totalement.

Kyosaku, le bâton d'éveil.

Deuxième partie

MONDO

Q. — Lors d'examens de passage pour acquérir des degrés, des dans, un maître nous dit un jour que trois choses étaient importantes : shin, wasa, thaï... *l'esprit, la technique, le corps. Quelle est la plus importante ?*

R. — Dans les arts martiaux comme dans le jeu de Go, connaître bien la technique, *wasa*, s'avère très pratique. Et il est certain que chez un être jeune, le corps sert d'élément fondamental, tandis que chez un homme plus âgé, technique et esprit prédominent. En fait, le plus important reste *shin*, l'esprit. Puis viennent la technique et le corps. Dans d'autres sports, surtout en Occident, la force du corps doit être la plus développée. Ce n'est pas le cas dans les arts martiaux : en judo, le corps doit être formé, mais il est secondaire par rapport à la technique et à l'esprit-intuition nécessaire pour bien l'appliquer. Si forte technique et corps fort luttent ensemble, c'est la technique qui vaincra. Si un esprit fort combat une technique forte, c'est l'esprit qui gagnera car il saura trouver la faille. On connaît l'histoire du samouraï qui, à la suite d'une rixe, combattit un ouvrier. Il lui fait un habile étranglement à issue mortelle, l'ouvrier suffoque quand, au bout de ses doigts, il sent les testicules de son adversaire, qu'il agrippe et serre de toutes ses forces. Au bout de quelques instants, le samouraï est obligé de lâcher prise, vaincu...

L'entraînement ne doit pas être uniquement concentré sur le développement du corps. Evidemment, dans les tournois modernes, on ne lutte pas pour sa vie ou sa mort, mais pour gagner des points : force du corps et de la technique suffisent alors. Dans les temps anciens, il en était tout à fait autrement puisque la vie se trouvait en jeu : alors l'intuition décidait de tout, en dernier ressort. Aujourd'hui, on devrait retrouver cela ; dans chaque combat, faire comme si la vie se trouvait engagée, même avec des sabres en bois. Alors, les Arts martiaux retrouveraient leur vraie place : la pratique de la Voie. Sinon ce n'est qu'un jeu...

Force des corps, de la technique et force de l'esprit, sont en fait plus ou moins à égalité, mais c'est toujours *shin*, l'esprit, qui décide de l'issue du combat.

Je vous ai déjà raconté l'histoire du samouraï qui vint voir le légendaire maître Miyamoto Musachi, et lui demanda de lui enseigner la véritable Voie du sabre. Ce dernier accepta. Devenu son disciple, le samouraï passait son temps, sur l'ordre du maître, à porter et couper du bois, aller chercher de l'eau à la source lointaine. Et ce, tous les jours, durant un mois, deux mois, un an, trois ans. Aujourd'hui, n'importe quel disciple se serait enfui au bout de quelques jours, quelques heures même. Le samouraï, lui, continuait, et en fait, entraînait ainsi son corps. Au bout de trois ans, il n'y tint toutefois plus, et dit à son maître : « Mais quel entraînement me faites-vous subir là ? Je n'ai pas touché un sabre depuis mon arrivée ici. Je passe mon temps à couper du bois à longueur de journée et à porter de l'eau ! Quand m'initierez-vous ? » « Bon, bon, répondit le maître. Je vais vous apprendre la technique, puisque vous le désirez. » Il le fit entrer dans le dojo, et, chaque jour, du matin au soir, lui ordonnait de marcher sur le bord extrême du tatami et de faire ainsi, pas à pas, sans se tromper, le tour de la salle.

Q. — Mais, c'est exactement la façon de marcher que l'on doit prendre en Kendo, un pied dans l'alignement de l'autre, puis glisser...

R. — Oui. Le maître lui apprenait ainsi la concentration sur la marche. Se concentrer sur un acte, le faire parfaitement. Car les détails de la technique, les trucs, les passes, sont en fait secondaires par rapport à la concentration. Si l'on est suffisamment concentré, un geste, un seul, suffit.

Donc, le disciple marcha ainsi un an le long du bord du tatami. Au bout de ce temps, il dit au maître : « Je suis un samouraï, j'ai beaucoup pratiqué l'escrime, et rencontré d'autres maîtres de kendo. Aucun ne m'a enseigné comme vous le faites. Apprenez-moi enfin, s'il vous plaît, la vraie Voie du sabre. » « Bien, dit le maître, suivez-moi. » Il l'emmena loin dans la montagne, là où se trouvait une poutre de bois traversant un ravin d'une profondeur inouïe, terrifiante. « Voilà, dit le maître, il vous faut traverser ce passage. » Le samouraï disciple n'y comprenait plus rien et, face au précipice, hésitait, ne sachant plus que faire. Tout d'un coup, ils entendirent toc-toc-toc, le bruit d'un bâton d'aveugle, derrière eux. L'aveugle, sans tenir compte de leur présence, passa à côté d'eux et traversa sans hésitation, en tapotant de son bois, la poutre qui franchissait le ravin. « Ah, pensa le samouraï, je commence à comprendre. Si l'aveugle traverse ainsi, moi-même, je dois en faire autant. » Et le maître lui dit à cet instant : « Pendant un an, tu as marché sur le bord extrême du tatami, qui est plus étroit que ce tronc d'arbre, alors, tu dois passer. » Il comprit et... traversa d'un coup le pont.

Voilà, l'entraînement était complet : celui du corps pendant trois ans ; celui de la concentration sur une technique (la marche) pendant un an, et celui de l'esprit face au ravin, face à la mort.

Q. — Mais, pourquoi l'esprit est-il le plus important ?

R. — Car, en dernier ressort, il décide.

Dans les arts martiaux japonais des temps anciens, un seul geste juste donnait la mort. D'où la lenteur, la concentration des mouvements avant l'attaque. Un coup, et c'est fini : un mort, parfois deux, si partaient deux coups justes. Tout se joue en un instant. Dans cet instant-là, l'esprit décide tout, technique et corps suivent. Dans tous les sports aujourd'hui existe un temps d'attente ; dans les arts martiaux, il n'y a pas de temps d'attente : si l'on attend tant soit peu, on est perdu, l'adversaire en profite. L'esprit doit être sans cesse concentré sur la situation, prêt à agir ou réagir. D'où son importance primordiale.

Q. — Mais comment choisir la technique d'attaque ?

R. — Il n'est pas question de choisir. Cela doit être fait inconsciemment, automatiquement, naturellement. La pensée ne peut intervenir car sinon, il y a temps d'attente, donc faille. La conscience permanente, éveillée, de l'ensemble de la situation est donc essentielle pour que jaillisse le geste juste : la conscience sélectionne un coup, technique et corps partent en avant. Et c'est fini.

Q. — Par exemple, en kendo, *il y a un coup appelé* debana wasa *: il s'agit d'attaquer avant que l'adversaire ne le fasse, de frapper avant qu'il ne frappe. Donc, dans cette technique du* debana, *l'intuition est en effet très importante.*

R. — Mais elle est toujours essentielle ! Si un adversaire vous porte un coup inattendu, vous devez alors avoir l'intuition de la parade, la conscience de la fuite. Pour vous sauver du coup ! Conscience qui déclenchera la réaction du corps et la technique appropriée. Mais si vous pensez alors : « Je dois utiliser telle ou telle technique », dans le moment de votre pensée, vous serez touché ! L'intuition déclenche le corps et la technique. Corps et conscience s'unissent : on pense avec le corps entier, on s'investit totalement dans la réaction.

C'est pour cela qu'il est difficile de faire des catégories sur l'importance ou la hiérarchie de *shin,* l'esprit, *wasa,* la technique, et *taï,* le corps. Ils doivent être unis. Pas séparés. C'est leur parfaite union qui crée l'acte juste. Pas leur séparation. L'unité totale.

Dans les arts martiaux japonais, la Voie du sabre, le *kendo,* a toujours été considérée comme le plus noble art de combat, car il unissait mieux ces trois facteurs : conscience-intuition, corps et technique.

Q. — De par le monde, douze millions de personnes pratiquent le kendo, *six millions le* judo, *cinq millions le* karaté, *un million l'* aïkido, *et deux cent mille le tir à l'arc, le* kyudo...

R. — Dans tous ces arts martiaux, l'unité entre esprit, corps et technique est essentielle.

Penser puis frapper n'est pas le geste juste. Il fait saisir *suki*, l'occasion, l'opportunité. C'est très important, l'opportunité. La pensée ne peut le faire. Seule la conscience peut saisir l'opportunité de l'action. Le vide où il faut agir.

Q. — *Le créneau...*

R. — L'opportunité pour l'acte. L'occasion de l'attaque. Saisir le défaut. Par l'intuition, et c'est là un point très important, il faut saisir le moment où, *sur l'inspiration*, l'adversaire présente une faille...

Q. — *L'inspiration de l'adversaire ou la sienne propre ?*

R. — L'inspiration de l'adversaire. Vous, vous devez expirer avant-pendant l'attaque. En karaté, un coup reçu à l'inspiration peut être dangereux. Sur l'expiration, non. Alors, il faut saisir une opportunité pendant que l'adversaire inspire, car alors, il présente une faille, un vide.

Q. — *Pourquoi ?*

R. — Il y a toujours opportunité à l'inspiration, car le corps devient plus léger, moins concentré. L'inspiration est une très bonne chance que l'esprit-corps doit savoir saisir. Attaquer sur l'inspiration de l'adversaire, quand il présente un côté faible, un défaut dans sa défense, dans son attitude, voilà un très grand secret.

L'inspiration est un grand *suki*, une grande opportunité. Un excès de tension aussi : ainsi, lors d'un tournoi, on ne peut maintenir l'attention au même niveau d'intensité. A un moment donné, notre attention faiblit : nous présentons alors une faille, un *suki*, une occasion, que l'adversaire doit savoir saisir.

Mais cette question de l'opportunité se retrouve dans tous les combats, pas uniquement en arts martiaux : dans la discussion, dans les affaires...

Vous ne devez pas montrer de failles : ni en arts martiaux, ni dans la vie quotidienne. La vie est un combat ! Il faut rester concentré, ne pas dévoiler ses points faibles, et donc les réduire par un entraînement continu à la maîtrise de soi. Toute l'éducation japonaise traditionnelle se fondait sur cette vigilance : ne pas montrer ses points faibles pour qu'autrui n'en profite pas. Le jeu du tournoi est de dévoiler le point faible de l'adversaire : on y arrive par l'attention, la volonté, la concentration. Et quand l'opportunité se présente, la saisir farouchement, sans penser.

Et en tournoi, comme dans les combats de la vie quotidienne, le *struggle for life*, l'observation des yeux est très, très importante : car quand les yeux de l'adversaire bougent, se troublent, hésitent, doutent, faiblissent, il y a *suki*, opportunité, faille. Dans tous les moments critiques de notre vie, il ne faut pas montrer nos points faibles, sinon, c'est l'erreur, la chute, la défaite. Cette vigilance-là ne vient pas d'une tension permanente du corps qui serait vite fatigué, mais de l'attention de la conscience. D'où l'importance de *shin*, l'esprit. Le corps montre des points faibles, la conscience peut corriger, canaliser, diriger tout cela.

Q. — J'ai vu l'année dernière à Kyoto deux maîtres de kendo, âgés de quatre-vingts ans environ qui s'affrontaient en tournoi : pendant cinq minutes, ils se firent face, sabre en main, pointe contre pointe, sans bouger, absolument sans bouger. Et au bout de ces cinq minutes, l'arbitre déclara match nul, Kiki Wake.

R. — Oui. Quand on bouge, on montre toujours des points faibles. Là où des jeunes se seraient vigoureusement démenés en attaques et actions plus ou moins désordonnées, là où des hommes d'âge mûr auraient fait entrer en jeu toute l'expérience de leur technique, les deux vieux maîtres d'arts martiaux se sont contentés d'un combat de l'esprit, par et avec les yeux. Si l'un d'eux avait bougé, sa conscience aurait bougé aussi, et il montrait une faille. Le premier qui faiblissait était radicalement perdu car l'autre réagissait d'un coup.

Vous connaissez l'histoire des trois chats : un samouraï avait chez lui un rat dont il ne parvenait pas à se débarrasser. Il fit alors l'acquisition d'un magnifique chat, robuste et vaillant. Mais le rat, plus rapide, se joua de lui. Le samouraï prit alors un autre chat, très malin et astucieux. Mais le rat se méfia et ne se montra plus que quand le chat dormait. Un moine Zen du temple voisin prêta alors au samouraï son chat : celui-ci avait l'air on ne peut plus quelconque, il sommeillait tout le temps, indifférent à l'environnement. Le samouraï haussa les épaules, mais le moine insista pour le lui laisser. Le chat passait son temps à dormir et, bientôt, le rat s'enhardit à nouveau : il passait et repassait devant le chat, visiblement indifférent. Et un jour, subitement, d'un seul coup de patte, le chat l'attrapa et le terrassa. Puissance du corps, habileté de la technique ne sont rien sans la vigilance de l'esprit !

Une conscience juste est essentielle au mouvement juste du corps.

Q. — Mais que faire pour garder la concentration juste ? La tension fatigue, et on ne peut rester sans bouger !

R. — C'est votre conscience qui ne doit pas s'affoler ni calculer : juste s'adapter complètement à ce qui se passe. Portez sans cesse votre concentration sur la respiration, sur votre expiration, qui doit être lente, longue, et descendre le plus bas possible dans l'abdomen, dans le *hara*. Et de vos yeux, ne lâchez pas les yeux de l'adversaire : suivez ainsi son mouvement intérieur. Dans le combat de sabre que nous avons vu, entre Maître Yuno et l'un de ses disciples, ce dernier, au bout de quelques minutes, haletait, épuisé de tension. Maître Yuno, lui, était simplement là, concentré, calme, très calme. Absolument vigilant. Et à un moment précis, de la pointe de son sabre vers la gorge, il jeta le disciple hors du tatami. Un seul geste lui avait suffi, dès que le point faible se découvrit dans la parade de l'adversaire. Concentrez-vous donc sur l'expiration, c'est très important. Qu'elle soit la plus longue, la plus calme possible : cela aide à ne pas être fatigué ou passionné.

Q. — Les samouraïs qui faisaient des duels de nuit se concentraient sur l'ombre de leur adversaire...

R. — Bien sûr, le mouvement de l'ombre indiquait clairement le mouvement du corps et de la conscience. Mais cela ne les empêchait pas, bien au contraire, d'expirer puissamment dans leur hara... Mais vous devez, et pouvez, retrouver cette concentration fondamentale dans de simples combats d'entraînement, comme durant les tournois. Pas la peine de s'entraîner pour cela. C'est la puissance de votre concentration qui compte. Il faut canaliser tension du corps et habileté de la technique dans l'attention-intuition de l'esprit. L'esprit est alors vide, *ku*, sans failles. C'est ça le Zen. C'est aussi cela la vraie voie du Budo. Face à la mort comme face à la vie, la conscience doit être calme. Et il faut décider, tout en l'acceptant, sa vie comme sa mort. Non pas subir. Même si mon corps meurt, mon esprit doit être droit (geste du pouce vers le haut) : c'est cela l'entraînement du Zen et du Budo. Le grand Maître Miyamoto Musachi abandonna un jour ainsi sa vie de combat, pour résoudre ce problème : comment mourir. Et il fit zazen ! *(Rires.)*

Q. — En Europe, aux Etats-Unis, au Japon, beaucoup de gens pratiquent les arts martiaux, sans vraiment pratiquer la voie du Budo, ni celle du Zen. Et l'avis commun est de prétendre que les principes du Zen, la philosophie du Zen, n'ont rien à voir avec la pratique sportive des arts martiaux.

R. — Ceux qui ne veulent pas suivre l'enseignement Zen, vraie base du Budo, n'ont pas à le faire. Ils se servent alors des Arts martiaux comme d'un jouet, comme d'un sport parmi d'autres. Ceux qui veulent atteindre une dimension plus élevée de leur être, de leur vie, doivent comprendre cela. On ne peut obliger personne ni critiquer personne. Pourtant, les uns sont comme des enfants jouant avec de petites voitures, les autres conduisent de vraies voitures... Je ne suis pas négatif vis-à-vis des sports : ils entraînent le corps, l'endurance... Mais l'esprit de compétition, de puissance qu'on y trouve, n'est pas bon : cela témoigne d'une vision faussée de la vie. La racine des arts martiaux ne se trouve pas là.

Les éducateurs d'aujourd'hui sont aussi responsables de cet état de fait ; ils entraînent le corps, la technique, mais pas la conscience. Leurs élèves alors se battent pour gagner, ils jouent comme des enfants à la petite guerre. Aucune sagesse dans tout cela. Ce n'est pas du tout effectif pour la conduite de la vie ! A quoi leur sert leur technique dans la vie quotidienne ? Le sport n'est qu'un amusement et, en fin de compte, par l'esprit de compétition, il use le corps. C'est la raison pour laquelle les arts martiaux doivent retrouver leur dimension première. Dans l'esprit du Zen et du Budo, la vie quotidienne devient le lieu de combat. C'est à chaque instant qu'il faut être conscient, en se levant, en travaillant, en mangeant, en se couchant. La maîtrise de soi se trouve là.

Q. — La « championite » est une maladie de l'esprit ?

R. — Bien sûr ! Quelle triste vision de la vie ! Ce qui ne veut pas dire que l'on ne peut devenir champion, pourquoi pas ; c'est une expérience comme une autre. Mais il ne faut pas en faire une obsession ! Dans les arts martiaux aussi, il faut être *mushotoku,* sans but ni esprit de profit.

Q. — Pouvez-vous nous parler du kiaï, *ce cri que l'on pousse durant la pratique des arts martiaux, surtout en karaté ou en kendo ? Dans mon dojo de karaté, on nous le fait répéter très souvent, plusieurs cris violents à la suite...*

R. — Le *kiaï,* cri dont la force vibratoire paralyse un instant l'adversaire, peut se comparer au *kwatz*

des Maîtres du Zen Rinzaï qui sert à choquer et
éveiller le disciple. A mon avis, il est inutile de le
répéter successivement : une fois suffit, mais une
vraie fois. Poussez donc ce cri d'une façon totale,
qu'il parte du *hara,* du bas de votre intestin, de cet
endroit que les Japonais appellent aussi *kikaï :*
l'océan de l'énergie. Pour cela, il vous faut apprendre la respiration du Zen qui est aussi celle du
Budo : expirer lentement, le plus profondément
possible. Au bout de l'expiration, l'énergie est à son
point culminant. Le *kiaï* est le mélange de cette
expiration avec une voix forte ; il faut que ce son
monte de façon naturellement profonde, pour cela,
il faut évidemment savoir respirer, ce qui est rare.
Après le zazen, quand je fais une cérémonie et que
nous chantons le *Hannya Haramita Shingyo,* le
Sutra de la Grande Sagesse, je le fais pour l'entraînement général du souffle : la voix est alors obligée
d'aller jusqu'au bout de l'expiration. C'est un bon
entraînement au *kiaï. Kiaï* se décompose en *ki :*
l'énergie et *aï :* l'union ; cela signifie donc l'union de
l'énergie. Un seul cri, un seul instant où se trouve
tout l'espace-temps, tout le cosmos.

Kiaï ! *(Maître Deshimaru pousse un cri terrifiant,
un rugissement qui surprend tout le monde, puis
éclate de rire.)*

Mais dans le *kiaï* que l'on pousse dans les dojos
d'arts martiaux, comme dans le *Hannya Shingyo*
chanté dans les dojos Zen, jamais je ne retrouve
cette force : en fait, les gens poussent des cris
modulés d'après leur personnalité, ils font de la
décoration sonore. Rien d'authentique ni de farou-
che là-dedans. Aucune force. Du chant, ou du bruit :
c'est tout. Pas de *ki* dans leur *kiaï.* Pas d'énergie !

Q. — Pourquoi ?

R. — Parce qu'ils ne savent pas respirer ! Personne ne leur a appris. Et puis, c'est très long de savoir expliquer à la façon d'un vrai maître de Budo ou de Zen. Ce n'est pas la hauteur de la voix qui fait la puissance du son ! Le son doit partir du *hara*, pas de la gorge ! Regardez comment miaule un chat ou rugit un lion : ça, c'est du *kiaï*. Entraînez-vous à la respiration, mais ne cherchez pas à obtenir un pouvoir magique avec votre *kiaï* : dans la voie du Budo comme dans celle du Zen, il faut pratiquer, je le répète, sans but ni esprit de profit. Or, la plupart des gens veulent toujours acquérir quelque chose, cherchent à avoir au lieu d'être.

Q. — Pouvez-vous nous parler de la respiration dans les arts martiaux et dans la posture de zazen ?

R. — Je vais essayer, mais c'est difficile. Dans la tradition, les Maîtres ne l'enseignent jamais. C'est seulement lorsque la posture est juste que la respiration s'établit. Pour vous l'enseigner, je devrais me dévêtir, vous devez comprendre avec votre propre corps. Une petite inspiration naturelle à partir du plexus, puis une profonde expiration en poussant sur les intestins, sous le nombril. Pour un cycle de respiration, l'expiration peut durer une, deux, trois, quatre et même cinq minutes. Quand j'étais jeune, j'allais au fond de la piscine et j'y restais deux à trois minutes. C'est par l'expiration *(anapanasati)* que le Bouddha a trouvé l'illumination sous l'arbre Bô.

Quand je lis les *sutras*, mon souffle est très long parce que j'ai l'habitude de cette expiration. Pendant qu'on expire, il y a un très léger va-et-vient de l'air dans les narines et on peut ainsi continuer longtemps. C'est très difficile et cela fait quarante ans que je m'entraîne...

Vous devez d'abord comprendre par le cerveau et ensuite vous entraîner. C'est une méthode efficace pour vivre vieux : la plupart des gens qui vivent longtemps en Orient pratiquent cette respiration. Pendant *kin-hin*[1], si j'expirais à mon rythme, plus personne ne bougerait... Ces points sont en relation avec les arts martiaux qui sont, je le répète, autre chose que du sport. Pour les pratiquer, le *hara* doit être fort. Les arts martiaux, la récitation des *sutras,* les cérémonies vous font comprendre en entraînant votre respiration. Quand je rythme les *sutras* avec les claquettes, vous devez aller jusqu'au bout de votre souffle. C'est un bon entraînement !

Le professeur Herrigel en a parlé dans son *Tir à l'arc*[2]. Il avait étudié cette discipline pendant six ans ; mais c'est seulement quand il eut compris la respiration qu'il abandonna sa philosophie et ses connaissances et put enfin réussir à atteindre la cible. Mon Maître disait : « S'il était venu me voir, il aurait compris depuis longtemps ! »

Le judo, le karaté sont aussi un entraînement de la respiration, mais la plupart des gens ne le savent pas. C'est seulement à partir du deuxième ou troisième *Dan* que cette respiration s'installe naturellement. Herrigel a compris inconsciemment : la flèche part à la fin de l'expiration. Dans le judo ou dans le karaté, sur l'expiration, on est fort ; sur l'inspiration, on est faible. On doit vaincre quand le partenaire est sur l'inspiration. A ce moment-là, je peux tuer un homme avec un seul objet et je n'ai pas

---

1. Marche rythmée par l'expiration.
2. Dervy Livres, éd.

besoin d'un couteau. J'en ai fait l'expérience quand j'étais jeune; je n'ai pas tué l'homme qui était devant moi, il est seulement tombé, mais... Car au bout de l'inspiration, il y a un point très vulnérable. Au bout de l'expiration, on ne bouge même pas.

C'est pourquoi la respiration pratiquée en yoga n'est pas du tout effective pour les arts martiaux. Au Japon, on ne pratique pas le yoga parce qu'on y connaît bien la respiration Zen. Si vous la comprenez, vous pouvez vous en servir dans la vie quotidienne. Dans une discussion, quand vous devenez passionné, pratiquez-la, et vous vous calmerez... Vous gardez votre contrôle. Inversement, sur l'inspiration, un grand choc peut bloquer votre cœur ou vos poumons et vous faire mourir. Essayez de soulever un poids lourd à deux reprises sur l'inspiration, puis sur l'expiration. Vous verrez la différence. A l'expiration, vous êtes bien plus fort, les pieds s'accrochent par terre, vous êtes comme un tigre. Si vous avez peur, si vous avez des angoisses, ou si vous ne vous sentez pas sûr de vous dans une situation : essayez alors l'expiration longue. Elle vous apaisera et vous donnera de la force, de l'assurance. A l'expiration, l'énergie et la conscience se concentrent.

Q. — Quelle est la meilleure façon d'apprendre à respirer convenablement ?

R. — En prenant la posture de zazen. Auparavant, du temps des samouraïs, il y avait le respect de la méditation : avant l'action, on se concentrait en zazen. Concentration puis action. On retrouve aujourd'hui cela dans la trop brève cérémonie avant le combat dans le tournoi. En zazen, on peut rassembler ses énergies, laisser passer les pensées comme des nuages dans le ciel, détendre ses tensions nerveuses et musculaires, se concentrer sur la posture, dos droit, nuque droite, mains jointes, dont les doigts ne font ni montagne ni vallée, et pratiquer la vraie respiration, fondée sur l'expiration profonde dans le *hara,* cette zone qui se situe à deux largeurs de doigt en dessous du nombril.

Etre *zanshin :* voici un terme que l'on retrouve dans la pratique de l'escrime japonaise, le kendo. *Zanshin* est ce qui demeure, sans s'attacher, vigilant et détaché. Juste attentif à ce qui se passe, ici et maintenant. Peu à peu, cette attention s'applique à chacun des actes de notre vie. Dans l'esprit du Zen comme dans celui du Budo traditionnel, l'ensemble du comportement entre toujours en jeu.

Q. — Est-ce que l'entraînement intensif aux Kata, *ces gestes de base de la technique, ne peut remplacer la posture de zazen ? Car ils entraînent le souffle, la concentration, la vigilance...*

R. — On ne peut pas comparer la pratique d'une méditation assise, zazen, méthode de concentration, à l'entraînement d'exercices d'action. Mais la pratique de zazen peut donner une nouvelle dimension aux *kata.*

La vraie essence des *kata* se retrouve non dans les gestes eux-mêmes, mais dans la façon dont l'esprit les rend justes. On ne doit pas penser : « Je dois faire ce *kata* comme ci, comme ça... », mais exercer son esprit-corps à créer chaque fois un geste total, où tout le *ki* se retrouve, en un instant.

Vivre le véritable esprit du geste : le *kata,* par l'entraînement, doit se confondre avec l'esprit. Plus l'esprit sera fort, plus le *kata* sera fort.

*Q. — Dans les dojos d'arts martiaux existent
beaucoup de gestes qui mènent à la concentration : la
façon de ranger ses affaires, ses chaussures, la façon
de saluer en entrant...*

R. — Mais tous ces gestes sont des *kata* ! La façon
de se comporter est *kata*. Quand on salue, il ne faut
pas faire cela n'importe comment : en Occident, on
joint vaguement les mains et on incline un peu la
tête ; on n'a rien compris à la beauté du geste ! Il
faut saluer complètement : joindre ses deux mains
lentement, bras droits, parallèles au sol, le bout des
doigts arrivant à la hauteur du nez, puis courber
ainsi son dos vers le sol, puissamment, se relever les
mains jointes toujours et mettre naturellement les
bras le long du corps. Corps droit, nuque droite,
pieds au sol, esprit calme. *(En un geste majestueux,
Taïsen Deshimaru se lève, et nous salue.)* Ainsi vous
témoignez tout le respect que vous avez pour vos
adversaires, pour votre maître, pour le dojo, pour la
vie ! On me demande parfois pourquoi je m'incline
devant la statue de Bouddha, dans le dojo : ce n'est
pas la statue en bois que je salue, mais tous ceux qui
sont là avec moi, dans le dojo, et aussi le cosmos
entier. Tous ces gestes sont très importants car ils
aident à avoir un comportement correct. Ils forment
dignité et respect, ils aident notre nature à atteindre
une condition normale. Personne n'est normal
aujourd'hui, tous les gens sont un peu fous, avec
leur mental qui fonctionne tout le temps : ils voient
le monde d'une façon étroite, étriquée. Ils sont
dévorés par leur ego. Ils croient voir, mais se
trompent : ils projettent leur folie, leur monde, sur
le monde. Aucune lucidité, aucune sagesse là-
dedans ! C'est pour cela que Socrate, comme le
Bouddha, comme tous les sages, disent d'abord :

« Connais-toi toi-même et tu connaîtras l'univers. »
C'est l'esprit du Zen et du Bushido traditionnels !
Pour cela, l'observation de son comportement est
très importante. Le comportement influence la
conscience. A comportement juste, conscience juste.
Notre attitude ici, maintenant, influence tout l'environnement : nos paroles, nos gestes, nos façons de
nous tenir, tout cela influence ce qui se passe autour
de nous et en nous. Les actions de chaque instant, de
chaque jour, doivent être justes. Le comportement
dans le dojo rejaillira sur notre vie quotidienne.
Chaque geste est important ! Comment manger,
comment s'habiller, comment se laver, aller aux
toilettes, comment ranger, comment se conduire
avec les autres, avec sa famille, sa femme, comment
travailler, comment être complètement dans chaque geste. Il ne faut pas rêver sa vie ! Mais être
complètement dans tout ce que l'on fait. C'est cela
l'entraînement aux *kata*. L'esprit du Zen et du Budo
tend à cela : ce sont de vraies sciences du comportement. Rien à voir avec l'imagination qui transforme
le monde, comme dans beaucoup de religions. On
doit vivre le monde avec son corps, ici et maintenant. Et complètement se concentrer sur chaque
geste.

Q. — C'est impossible !

R. — Vous croyez que Bouddha était parfait ? Il
devait faire des erreurs comme tout le monde.
C'était un être humain. Mais il tendait à ce comportement juste qui est le plus haut idéal humain. La
civilisation moderne ne comprend rien à tout cela,
dès l'école, on vous coupe de la vie pour faire de la
théorie...
Tout ce que je viens de dire doit être bien

compris : il ne s'agit pas uniquement du comportement et de l'apparence extérieure, mais aussi et
surtout de notre attitude intérieure. Quelle est la
vraie conduite à avoir ? Grand problème ! Le Zen
nous éclaire là-dessus. Toutes les écoles philosophi-
ques s'intéressent à ce problème : existentialisme,
behaviourisme, structuralisme... Pourtant, aucune
ne donne la clef de la conduite de notre vie. Ils
finissent toujours par s'enfermer dans des catégories, mais on ne peut pas enfermer la source profonde, le long courant de la vie. Un *koan* dit :
« Chaud, froid, c'est vous qui l'expérimentez. »
C'est vrai pour tout.

   Ici, maintenant, pour chacun, est différent.

Kyu Shin Ru, l'école pour diriger l'esprit.

Troisième partie

BUN BU RYODO :
LA DOUBLE VOIE

L'harmonie du ciel
et de la terre

Dans la pratique du Zen comme dans celle des arts martiaux, il est essentiel de *se concentrer sur l'expiration.* Cela entraîne l'énergie vers le bas du corps et de la colonne vertébrale, produit une détente en redonnant de la force.

Si vous pratiquez zazen, vous ne devez pas le faire à moitié, mais vous concentrer totalement sur la respiration et la posture justes ; ainsi le vrai zazen devient-il complètement frais. Si vous le faites vraiment, zazen se révèle plus difficile que les arts martiaux. Mais si vous le répétez tous les jours, il devient *Dokan,* l'essence, la répétition. En zazen aussi, on répète pour vivre ou mourir !

Le Budo japonais s'est développé en relation directe avec l'éthique, la philosophie et la religion, et sans aucun rapport avec le sport. Aussi tous les vieux textes sur les anciens Budo qui nous ont été transmis se situent au niveau de la culture intellectuelle et mentale, et développent une réflexion sur l'ego. Ils expliquent et enseignent la technique profonde de la Voie.

Comment faire pour la pratiquer ?

Do, qui signifie la Voie en japonais, n'est pas seulement une technique, un *wasa.* Kendo, judo, aïkido, kyudo..., tout cela, c'est le Budo. Le kanji *Bu,* lorsqu'on l'analyse, signifie arrêter le sabre, arrêter le combat.

La cérémonie du thé est appelée *chado.* L'*ikebana,*

arrangement des fleurs, *kado*. La calligraphie est *Shodo*. Le parfum, le bois parfumé du santal qui se consume, est *kodo*. Kodo Sawaki aimait bien le kodo. Il avait le même nom. *Do,* La Voie, signifie la méthode de Vie, l'enseignement pour l'ego, la voie pour comprendre en profondeur son propre esprit. Le Bouddhisme, *Butsudo* en japonais, signifie : la voie du Bouddha, ou comment découvrir réellement notre vraie nature, notre nature originelle. Cela signifie aussi qu'il faut s'harmoniser avec le ciel et la terre afin que l'esprit intérieur soit tout à fait libre. Abandonner son égoïsme.

Dans le *San Do Kaï*[1] (l'union de l'essence et des phénomènes), de Sekito Zenji (700-790), il est dit sur la Voie : « Il n'y a ni maître du nord ni maître du sud. » Et si l'*Hokyo Zan Mai*[2] (le « *Samadhi du Miroir Précieux* ») signifie l'essence de la Voie, *Sho Do Ka* (le livre de Yoka Daichi, 649-713, disciple d'Eno) veut dire : certifier la voie.

Sho : garantie. *Do :* voie. *Ka :* chant.

C'est donc le chant qui certifie la voie, *Shin-To*, c'est *Shindo*, la Voie de Dieu.

L'esprit du Zen, amené d'Inde par Bodhidharma, a répandu le Bouddhisme Mahayana en Chine. Il s'est développé en fusionnant avec la pensée chinoise pour devenir la vraie Voie. Aujourd'hui, le Bouddhisme n'existe plus en Chine, mais *Do* est devenu une coutume. Même Mao n'a pu couper avec l'esprit de *Do*. *Do Kyo*, c'est l'enseignement de la Voie qui continue jusqu'à nos jours.

Le *Zen* et la *Voie* s'osmosent. Aussi, presque tous les grands maîtres Zen disent *Do* et non Zen. Ils n'emploient pas le mot Zen qui a été surtout retenu par l'Occident.

1. Voir *La Pratique du Zen*, éd. Seghers.
2. *Ibid.*

Un célèbre professeur japonais, Yamada Soko (1622-1685) a médité sur la *Voie des samouraïs*. Il a voulu accroître leur culture et a répandu à leur intention un enseignement spécial. « Si un samouraï veut avoir des responsabilités en politique, s'il veut diriger des civils et devenir leur chef, il doit réaliser la Voie. Aussi, le samouraï ne doit-il pas seulement être un guerrier, mais il doit, en plus du Budo, acquérir une culture intellectuelle sur la littérature, le Bouddhisme, la philosophie chinoise et le Shinto, la Voie des dieux. » Le *Bushido* était l'essence de l'éducation japonaise qui a pris fin après la guerre. J'ai reçu cette éducation car les professeurs du Bushido donnaient une éducation à la fois militaire et civile : *Bun Bu Ryodo,* la double Voie. Les deux sont nécessaires, comme le féminin et le masculin, comme les deux ailes des oiseaux. La littérature, la philosophie, la poésie, la culture en général, ont un côté féminin, et le Budo, l'art militaire, est masculin. Il doit toujours y avoir une harmonie entre les deux. Ils ne peuvent exister seuls, séparément. Cela ne fait pas seulement partie d'une connaissance, d'un savoir, mais c'est la voie même de la *sagesse.* Par cette voie, le sage doit diriger les civils. C'est pourquoi la plupart des samouraïs doivent s'entraîner à la vertu. Ils doivent avoir des qualités nobles, cultiver une personnalité élevée, étudier l'histoire des civilisations et réaliser la Voie. Jusqu'à ce jour, l'enseignement de Yamada Soko n'était donné qu'à une élite. Les profanes n'y avaient pas accès. Par la force de cet enseignement total, la Voie du samouraï devint peu à peu populaire au Japon, et sa réputation s'étendit dans le monde. Car la sagesse du Zen était devenue la source de leur action.

Au sujet de la culture des samouraïs et de la voie

intérieure profonde, qui pénètre l'esprit. Dogen a écrit le *Ben Do Wa. Ben,* c'est l'étude, la compréhension. *Do,* la voie. *Wa,* parler. *Ben Do Wa :* comprendre par les discours. C'est la méthode, l'enseignement pour comprendre la Voie. Le *Ben Do Wa* décrit ce qu'est zazen, l'essence de la Voie. Ensuite, il explique comment pratiquer la Voie. Dans le *Gakudo Joshinshu,* autre livre important, le point de départ est aussi la question : comment étudier la Voie ? C'est le livre de l'attention, de la vigilance. L'attention de celui qui étudie la Voie.

Par ailleurs, dans le *Genjo Koan,* il est dit : « Qu'est-ce que la voie du Bouddha ? » C'est étudier l'ego. « Qu'est-ce qu'étudier l'ego ? » C'est s'oublier soi-même. « Qu'est-ce que *Bo Dai Shin ?* Qu'est-ce que cet esprit d'illumination d'éveil, *Bo Dai, Satori ?* » C'est la voie ! « Ne pense pas. Ne cherche pas. Ne désire pas. Ne retiens pas. N'obtiens pas. N'abandonne pas. » Et dans le *Tendao,* on dit que la Voie consiste à suivre tous les phénomènes, à suivre la puissance cosmique, le système cosmique. Pour que l'être humain puisse comprendre cela, il lui faut pratiquer zazen, cette posture de concentration et d'éveil dont parlent tous ces ouvrages. Car pour que l'action soit juste, il faut que la méditation la précède et coexiste à elle. Alors seulement se dévoile la vraie liberté.

Ki : l'énergie

Dans les arts martiaux, la technique est différente en judo, en kendo ou dans le tir à l'arc. En zazen, se concentrer sur la posture est également un *wasa*. Le *wasa* est nécessaire, mais un judoka qui n'apprend que le judo n'est pas un vrai judoka. Dans les arts martiaux, généralement, la technique est indispensable pendant dix ou vingt ans. Mais finalement, l'état d'esprit prime, cela est particulièrement évident dans le tir à l'arc. Entre l'esprit et le corps, l'esprit et la posture, l'esprit et le wasa, la respiration établit la liaison. Finalement, posture et respiration s'unifient. La respiration devient *ki* (l'énergie, le ressort), comme le *ki* d'*aïkido*. Dans le Budo, rappellons-le, il y a trois points essentiels : la technique *(wasa)*, l'activité *(ki)* et l'esprit *(shin)*. En zazen, par la posture, on peut équilibrer l'état d'esprit et la respiration. Dans un combat, on a du mal à équilibrer sa respiration car on est obligé d'assumer beaucoup de mouvements. En zazen, au début de la pratique, on rencontre, bien sûr, des difficultés. Mais, par la suite, on peut trouver facilement cet équilibre entre la posture juste, l'état d'esprit et la respiration. Au commencement, il convient d'exercer la posture consciemment, patiemment. On fait des efforts, on tend la nuque, on se concentre volontairement sur l'expiration. Après quelques années de pratique, on en arrive à se concentrer inconsciemment. En zazen, la posture a une influence très rapide, dès le début ; ce n'est pas comme dans le Budo où ce n'est qu'après quatre ou cinq ans, au-delà du troisième *dan* que l'on peut se concentrer sur autre chose que le *wasa*. Dès le début, en zazen, la posture a une influence sur la conscience.

En Chine, un disciple de Lao Tseu, Mishotsu, a écrit une histoire intéressante au sujet des coqs de combat :

« Un roi désirait avoir un coq de combat très fort et il avait demandé à l'un de ses sujets d'en éduquer un. Au début, celui-ci enseigna au coq la technique du combat. Au bout de dix jours, le roi demanda : « Peut-on organiser un combat avec ce coq ? » Mais l'instructeur dit : « Non ! Non ! Non ! Il est fort, mais cette force est vide, il veut toujours combattre ; il est excité et sa force est éphémère. »

« Dix jours plus tard, le roi demanda à l'instructeur : « Alors, maintenant, peut-on organiser ce combat ? » « Non ! Non ! Pas encore. Il est encore passionné, il veut toujours combattre. Quand il entend la voix d'un autre coq, même d'un village voisin, il se met en colère et veut se battre. »

« Après dix nouvelles journées d'entraînement, le roi demanda de nouveau : « A présent, est-ce possible ? » L'éducateur répondit : « Maintenant, il ne se passionne plus, s'il entend ou voit un autre coq, il reste calme. Sa posture est juste, mais sa tension est forte. Il ne se met plus en colère. L'énergie et la force ne se manifestent pas en surface. »

« Alors, c'est d'accord pour un combat ? » dit le roi. L'éducateur répondit : « Peut-être. » On amena de nombreux coqs de combat et on organisa un tournoi. Mais les coqs de combat ne pouvaient s'approcher de ce coq-là. Ils s'enfuyaient, effrayés ! Aussi n'eut-il pas besoin de combattre. Le coq de combat était devenu un coq de bois. Il avait dépassé l'entraînement du wasa. Il avait intérieurement une forte énergie qui ne se manifestait pas en s'extériorisant. La puissance se trouvait dès lors en lui, et les autres ne pouvaient que s'incliner devant son assurance tranquille et sa vraie force cachée. »

Si vous continuez zazen, inconsciemment, naturellement, automatiquement, vous pourrez arriver au secret du Budo. Il n'est alors pas forcément nécessaire d'utiliser une technique, de pratiquer le judo, l'aïkido, le karaté ou le sabre. Les autres ne s'approcheront pas. Et il ne sera pas nécessaire de combattre. La véritable Voie du Budo n'est pas compétition ou conflit : elle est au-delà de la vie et de la mort, au-delà de la victoire et de la défaite.

Le secret du sabre est de ne pas dégainer le sabre ; il ne faut pas sortir le sabre, car si vous désirez tuer quelqu'un, vous devez en mourir. Il faut se tuer soi-même, tuer son propre esprit. A ce moment-là, les autres ont peur et ils s'enfuient. On est le plus fort et les autres ne s'approchent pas. Il n'est donc pas nécessaire de vaincre. En zazen, se concentrer sur l'expiration crée la *liaison* qui équilibre la conscience et la posture. Cette activité déclenche l'impulsion équilibrante entre les muscles, les nerfs, l'hypothalamus et le thalamus. Si vous continuez zazen, vous pourrez obtenir cela inconsciemment, naturellement et automatiquement.

« Le reflet de la lune sur l'eau de la rivière ne bouge pas, ne s'écoule pas. C'est seulement l'eau qui passe. » En zazen, vous ne devez pas rester sur une pensée, votre pensée ne doit demeurer nulle part. Laissez passer les pensées. Ainsi, vous pouvez trouver la substance de l'ego. Au début, si vous pensez par votre conscience personnelle, laissez passer. Plus tard, le subconscient apparaît. Il faut encore laisser passer. Et cela aussi prend fin. Ainsi, quelquefois, on pense, quelquefois, on ne pense pas. Après, l'esprit est pur comme la lune, comme le reflet de la lune qui reste sur l'eau de la rivière. Mais vous ne devez pas couper vos pensées. Il n'est pas nécessaire pendant le zazen de vous dire : « Je dois réaliser le reflet de la lune. » Si l'on veut expliquer les relations entre l'esprit, la conscience et le véritable ego, c'est exactement comme les relations entre la lune, son reflet et l'eau de la rivière.

Faire seulement zazen, *shikantaza*. C'est *hishiryo*, *satori*. On ne peut comprendre cela consciemment, ni le saisir. « L'ombre de la lune sur l'eau n'a jamais pu être saisie par une main. »

Maître Takuan est très célèbre dans le Zen et les arts martiaux, surtout le kendo, le sabre japonais. Il a éduqué de nombreux samouraïs. Il eut un disciple très célèbre, le légendaire samouraï Miyamoto Musachi. Il a employé l'expression suivante : *Fu Do Chi Shinmyo Roku. Fu :* au début d'une phrase, marque la négation comme dans *Fushiryo. Do :* ce n'est pas ici le « Do » synonyme de « Voie ». Cela veut dire bouger. *Chi* signifie la sagesse. *Shinmyo :* mystérieux. *Roku :* note. Ce titre signifie : *Note mystérieuse sur la sagesse immobile.* La posture de Budo, sans mouvement, c'est la posture de *Muso :* la non-posture n'est pas seulement l'acte de ne pas bouger avec le corps, mais aussi ne pas bouger avec l'esprit. Atteindre l'esprit immobile.

Qu'est-ce qu'un esprit immobile ? Nous avons vu que l'esprit ne doit pas rester, demeurer sur quelque chose. Nous devons laisser passer les pensées et illusions comme nuages dans le ciel. Exactement comme : « Le reflet de la lune sur l'eau. La lune ne bouge pas. Le reflet de la lune ne bouge pas. » Regardez une toupie : au début, quand elle tourne lentement, elle bouge ; puis, en pleine vitesse, elle acquiert de la stabilité, et elle ne bouge plus. Enfin, comme un homme qui devient vieux, elle se remet à osciller. Puis, finalement, elle tombe.

La rivière s'écoule et change en cours de route. Mais la substance de notre esprit, de notre ego est tout à fait comme le reflet de la lune sur l'eau. Aussi, si on ne reste pas sur une pensée, si on laisse passer, la substance de notre esprit est *Fudo*, sans mouvement. Cette substance de notre ego, de notre esprit est Dieu ou Bouddha, l'esprit Zen, le *satori, hishiryo.*

Aussi, dans les arts martiaux, même si un samouraï se trouve attaqué par une dizaine d'adversaires, il peut les vaincre tous. C'est ce qu'on voit dans les films japonais. Pour les Européens, cela a l'air impossible. En fait, ce n'est pas du théâtre. Car dix personnes ne peuvent pas toutes attaquer la même personne en même temps, elles viennent l'une après l'autre. Quand un Maître de judo est attaqué successivement par dix élèves, son esprit change rapidement et se concentre vite sur chaque nouvel adversaire.

Fudochi, la sagesse sans bouger.

La sagesse immobile

L'esprit du Maître est toujours en changement. Il ne reste pas sur une seule chose ou une seule personne. Il laisse passer... Le corps non plus ne reste pas. La substance de l'ego est *Fu Do Chi*, « sagesse immobile ». Entre l'intuition, la sagesse et l'action du corps, il y a toujours unité. C'est là le secret du zazen et des arts martiaux. De même que les arts martiaux ne sont pas un sport, le zazen n'est pas une sorte de massage ou de culture spirituelle.

Les arts martiaux constituèrent au début une méthode pour tuer les gens. Le sabre japonais, le *tachi*, est un long sabre ; mais *tachi* veut aussi dire « couper ». Dans le kendo, *Ken*, comme *Tachi* veut dire « sabre » ; et aussi « trancher », de sorte que kendo signifie « la voie qui tranche ». Bien sûr, le kendo remonte aux temps préhistoriques au Japon. Mais la véritable école du kendo a commencé en 1346, créée par le samouraï Nodo, suivi, en 1348 de Shinkage.

Au début, les samouraïs désiraient toujours obtenir des pouvoirs objectifs, exceptionnels et magiques. Ils voulaient être capables de ne pas être brûlés par le feu ou de ne pas être écrasés par un rocher... Alors, ils entraînaient leur esprit de façon à obtenir des dons surnaturels. Voulant obtenir ces pouvoirs mystérieux, ils avaient donc un objet. Ensuite, le Zen les a influencés. Par exemple, Miyamoto Musachi qui a été le plus grand maître de

kendo au Japon, devint aussi un sage. Il disait :
« On doit respecter Dieu et Bouddha, mais on ne
doit pas en dépendre. » La méthode, la voie qui
visait à pourfendre les gens, se transforma alors en
méthode pour couper son propre esprit. Voie de
l'esprit de décision, de résolution et de détermina-
tion. C'est là le vrai kendo japonais, le vrai Budo. Il
faut être fort et obtenir la victoire grâce à l'esprit de
décision. Se situer au-delà de la norme, transcender
le combat, en faire une voie spirituelle. Pourtant, à
l'époque, ces pratiques n'avaient donc rien d'un
sport contrairement à ce qui se passe de nos jours en
Europe. Les samouraïs, eux, avaient une vision plus
haute de la vie.

Zen et arts martiaux ne font pas partie d'une
méthode de santé. Les Européens veulent toujours
utiliser les choses. L'esprit du Zen ne peut être
enfermé dans un système aussi étriqué. Rien à voir
avec un « massage spirituel ». Le *kyosaku*[1] peut être
un bon massage pour la conscience ou le corps. Mais
zazen n'est pas un massage amenant relaxation et
bien-être, et les arts martiaux ne sont pas un sport-
jeu. En eux réside un sens bien plus profond et
essentiel : celui de la vie ! Et donc celui de la mort,
puisque les deux termes sont en fait indissociables.

Le vrai kendo, le vrai Zen doivent être au-delà de
la relativité. Cela veut dire « cesser de choisir, de
sélectionner un côté ou l'autre dans le relatif »,
prendre une seule décision ! L'être humain est différent du lion ou du tigre. Alors, la Voie du Budo doit
être au-delà. Le tigre ou le lion sont forts et ils
veulent vaincre, par instinct et désir. Ils ne pensent

---

1. Bâton dont le Maître Zen ou les responsables de dojo se servent pour
éveiller ou calmer les disciples ayant des problèmes dans leur posture de
zazen. A leur demande, ils leur assènent un coup sur chaque épaule en un
point très innervé en méridiens d'acupuncture.

pas à abandonner leur ego. Mais les êtres humains peuvent être au-delà de l'ego et de la mort. Dans le Budo, ils doivent devenir plus forts que le tigre ou le lion, abandonner l'instinct animal attaché à l'esprit humain.

Au Japon, il y a deux cents ans, avant l'ère Meiji, un maître de kendo, Shoken, avait été tourmenté par un gros rat dans sa maison. « Le congrès d'arts martiaux des chats », tel est le titre de cette histoire :

« Dans sa maison, toutes les nuits un gros rat venait et l'empêchait de dormir. Il était obligé de dormir au milieu de la journée. Il s'est alors concerté avec un ami qui élevait des chats, un dresseur de chats. Shoken lui demanda : « Prête-moi donc le plus fort de tes chats. » L'autre lui prêta un chat de gouttière très rapide et habile à attraper les rats ; ses griffes étaient fortes et ses bonds puissants ! Mais quand il entra dans la pièce, le rat demeura le plus fort, et le chat s'enfuit. Ce rat était vraiment très mystérieux. Shoken emprunta alors un deuxième chat, de couleur fauve, doté d'un très fort *ki,* une forte énergie, et d'un esprit combatif. Ce chat entra dans la pièce et combattit. Mais le rat eut le dessus et le chat s'échappa !

« Un troisième chat fut essayé, un chat blanc et noir qui ne put vaincre non plus.

« Shoken emprunta alors un quatrième chat, noir, vieux, assez intelligent, mais moins fort que le chat de gouttière ou le chat tigré. Il entra dans la pièce. Le rat le regarda et s'approcha. Le chat s'assit, très calme, ne bougea pas. Alors, le rat commença à douter. Il s'approcha encore, légèrement apeuré, et, soudain, le chat lui attrapa le cou, le tua et l'emporta hors de la place.

« Alors, Shoken alla consulter son ami et lui dit :

« J'ai souvent poursuivi ce rat avec mon sabre en bois, mais c'est lui qui m'a griffé. Pourquoi ce chat noir a-t-il pu le vaincre ? » Son ami lui répondit : « Il faut organiser une réunion et interroger les chats. Vous les questionnerez puisque vous êtes un Maître de kendo. Les chats comprennent sûrement les arts martiaux. »

« Il y eut donc une assemblée de chats présidée par le chat noir qui était le plus âgé. Le chat de gouttière dit : « J'étais très fort. » Alors le chat noir lui demanda : « Pourquoi n'as-tu pas gagné ? » Le chat de gouttière répondit : « Je suis très fort, je possède beaucoup de techniques pour attraper les rats. Mes griffes sont fortes et mes bonds puissants, mais ce rat n'est pas comme les autres. » Le chat noir déclara : « Ta force et ta technique ne peuvent pas être au-delà de ce rat. Même si ton pouvoir et ton wasa sont très forts, tu n'as pu gagner avec ton seul art. Impossible ! » Alors le chat tigré parla : « Je suis très fort, j'entraîne toujours mon *ki*, mon énergie, et ma respiration par le zazen. Je me nourris de légumes et de soupe de riz, c'est pourquoi mon activité est très forte. Mais je n'ai pas pu vaincre ce rat. Pourquoi ? » Le vieux chat noir lui répondit : « Ton activité et ton *ki* sont forts, mais ce rat était au-delà de ce *ki*. Tu es plus faible que le gros rat. Si tu es attaché à ton *ki*, cela devient une force vide. Si ton *ki* est trop soudain, trop bref, tu n'es alors que passionné. Aussi peut-on dire, par exemple, que si ton activité est comparable à l'eau sortant d'un robinet, celle du rat est semblable à un puissant jet d'eau. C'est pourquoi la force du rat est supérieure à la tienne. Même si ton activité est forte, en fait, elle est faible car tu es trop confiant en toi-même. » Puis, ce fut le tour du chat blanc et noir qui n'avait pas pu vaincre non plus. Il n'était pas très fort, mais intelligent. Il avait le satori. Il avait passé tous les wasa et se contentait de faire zazen. Mais il n'était pas *mushotoku* (sans but ni esprit de profit), et avait dû fuir lui aussi.

« Le chat noir lui dit : « Tu es très intelligent et fort. Mais tu n'as pas pu vaincre ce rat car tu avais un but. Et l'intuition du rat était plus grande que la tienne. Quand tu es entré dans la pièce, il a tout de suite compris ton état d'esprit. C'est pour cela que tu n'as pas pu triompher. Tu n'as pas su harmoniser ta force, ta technique, et ta conscience active, qui sont restées séparées au lieu de s'unifier. Tandis que moi, en un seul instant, j'ai utilisé ces trois facultés inconsciemment, naturellement et automatiquement. C'est ainsi que j'ai pu tuer le rat. Mais, près d'ici, dans un village voisin, je connais un chat encore plus fort que moi. Il est très vieux et ses poils sont gris. Je l'ai rencontré, il n'a pas l'air fort du tout ! Il dort toute la journée. Il ne mange pas du tout de viande, ni de poisson, seulement de la *guenmai* (soupe de riz)... quelquefois, il prend un peu de saké. Il n'a jamais attrapé un seul rat, car tous en ont peur et fuient devant lui. Ils ne s'en approchent pas. Aussi n'a-t-il jamais eu l'occasion d'en attraper un ! Un jour, il est entré dans une maison qui en était pleine. Tous les rats se sont aussitôt échappés et ont changé de maison. Il pouvait les chasser même en dormant. Ce chat gris est vraiment très mystérieux. Tu dois devenir comme cela, être au-delà de la posture, de la respiration et de la conscience. »

Grande leçon, pour Shoken, le maître du kendo !

Par zazen, vous êtes déjà au-delà de la posture, de la respiration et de la conscience.

Lâcher prise

Dans le Budo, la notion de *sutemi* est très importante. *Sute :* abandon. *Mi :* corps. Cela signifie donc « jeter le corps, abandonner le corps ». Cela est vrai non seulement dans le Karaté, mais dans le Kendo, le Judo et tous les arts martiaux.

Il y a de nombreuses écoles en Kendo. Tout y est *Sutemi*, action d'abandonner le corps. La première école s'appelle *Tai Chai Ryu. Tai :* le corps. *Chai :* abandonner, déposer. Puis, nous avons *Mu Nen Ryu. Mu :* négatif. *Nen :* conscience, abandonner la conscience et *Mu Shin Ryu; Shin :* esprit, donc abandonner l'esprit. *Mu Gen Ryu :* combattre sans yeux, abandonner les yeux. *Mu Te Ki Ryu :* sans ennemi. *Mu To Ryu :* sans épée. *Shinjin Ryu :* c'est *Shin*, le véritable esprit. *Ten Shin Ryu,* c'est *Ten*, le ciel, l'esprit cosmique. Il y a donc beaucoup d'écoles, mais toutes ont en commun le *sutemi ;* l'action d'abandonner, laisser tomber le corps, d'oublier l'ego, de suivre seulement le système cosmique. On abandonne les attachements, les désirs personnels, l'ego. On dirige l'ego objectivement. Même si l'on tombe n'importe où, il ne faut pas avoir peur, ni être anxieux. Il faut se concentrer « ici et maintenant », ne pas économiser d'énergie : « Tout doit provenir d'ici et maintenant. » On meut son corps naturellement, automatiquement, inconsciemment, sans conscience personnelle. Alors que si nous utilisons notre pensée, action et comportement deviennent lents, hésitants. Des questions s'élèvent, l'esprit s'épuise, la conscience vacille comme une flamme troublée par le vent.

Dans le Budo, la conscience et l'action doivent toujours être unité. Au début, dans l'aïkido, le kendo... on répète les *wasa*, les techniques, et les *kata*, les formes. On répète sans cesse pendant deux ou trois ans. Aussi les *kata* et les *wasa*, formes et techniques, deviennent-ils une habitude. Au commencement pour les pratiquer il faut se servir de sa conscience personnelle. Il en est de même pour jouer du piano, du tambour ou de la guitare, par exemple. A la fin, il est possible de jouer sans conscience, on ne s'attache plus, on ne se sert plus des principes. On peut jouer naturellement, automatiquement. Il est possible de créer quelque chose de frais par cette sagesse. Et il en est de même dans toute notre vie quotidienne. *Cela est le Zen*, l'esprit de la Voie.

Les grandes œuvres d'art sont créées par-delà la technique. Dans le monde de la technologie et de la science, les grandes découvertes dépassent les principes et techniques. N'être attaché qu'à une idée, une catégorie, un système de valeurs, est une conception fausse, contraire aux lois de la vie et de la Voie. De l'idée à l'action, on doit obtenir la vraie liberté. En zazen, au début comme à la fin, la posture est ce qu'il y a de plus important, car tout notre être s'y trouve, en totalité.

Dans le Zen, comme dans le Budo, on doit trouver l'unité directe avec la vérité authentique du cosmos. Car, il faut penser au-delà de la conscience personnelle, avec notre corps entier et non avec le seul cerveau. Penser avec tout le corps.

Voici un poème sur l'essence du tir à l'arc, le secret du kyudo :

La tension de la tension
Mon arc est complètement tendu
Où va la flèche au loin ?
Je ne sais pas.

Et voici un nouveau poème sur le secret du kendo :

On ne doit pas penser
Sur l'avant et l'après
En avant, en arrière
Seulement la liberté
Du point du milieu.

C'est aussi la Voie. La Voie du Milieu.

Ne pas penser

Je dis toujours que zazen doit être *mushotoku* sans but et sans profit, de même qu'il n'est pas nécessaire de penser où va la flèche. Il faut se concentrer seulement sur la tension de la corde de l'arc. L'arc japonais est fait de bambou ; il est très solide et il faut une énergie très forte pour le tendre. Si nous ne pensons qu'au résultat, qu'au fruit, avec notre conscience personnelle nous ne pouvons nous concentrer ni laisser sortir notre pleine énergie. Si on fait seulement l'effort, le plus grand fruit apparaîtra alors, inconsciemment, naturellement. On peut parfois en faire l'expérience. La pratique sans conscience vaut mieux que la pratique consciente. Au début du zazen, quand on a mal, on pense : « Ma posture est bonne ou ma posture n'est pas bonne ; je dois rentrer le menton, tendre la nuque, la colonne vertébrale, pousser sur mon zafu avec les fesses, me concentrer sur l'expiration. » Mais ensuite, on oublie tout, et cela devient non-conscience. Cette condition de l'esprit est très importante. Après un ou deux ans de pratique, on a trop l'habitude. On ne se concentre plus. On pense que la posture est bonne et on ne la corrige plus. Même si le responsable du *kyosaku* corrige cette posture, on ne suit plus Certains pratiquent un an, deux ans ou plus longtemps encore et leur posture devient mauvaise, elle ne fait qu'empirer. Cela est dû à un ego trop fort et à un manque d'effort. C'est aller dans une autre direction. Il ne faut pas oublier l'esprit du débutant.

Zazen : notre énergie, notre esprit, s'harmonisent avec l'énergie cosmique, et l'énergie cosmique infinie dirige notre propre énergie. Alors, nous pouvons diriger les dix mille choses en une seule. Nous pouvons être véritablement libres, grâce à l'énergie du cosmos, cette vérité invisible. Il en est de même dans la pratique juste des arts martiaux.

Quatrième partie

MONDO

Kyu Do, le tir à l'arc.

Il suffit qu'il n'y ait ni amour ni haine
Pour que la compréhension apparaisse
Spontanément claire
Comme la lumière du jour dans une caverne.

SHIN JIN MEI.

Q. — D'où viennent les arts martiaux ?

R. — L'art de l'épée, de la lance, du tir à l'arc, du combat à mains nues, est finalement presque aussi ancien que l'homme, qui a toujours eu besoin de se défendre contre les agressions du monde extérieur et de chasser pour assurer sa subsistance et celle de sa tribu. On découvrit d'abord l'arme : l'épieu, la hache en pierre, la fronde, l'arc... puis, au fil des expériences, se forgea peu à peu la meilleure technique possible pour l'utilisation de ces armes. Dans le combat contre un adversaire, on découvrit par exemple les coups mortels et dangereux, leur parade, la contre-parade, et ainsi de suite. Les armes elles-mêmes se perfectionnèrent, la technique s'affirma et cela devint une partie de l'art de la guerre et de la chasse où d'autres éléments sont aussi très importants : la connaissance du temps, des signes naturels (bruits, traces, odeurs...), de l'environnement, de la psychologie de l'adversaire (ou de la bête chassée), l'intuition de l'acte juste, etc. Un bon guerrier-chasseur doit savoir se fondre dans la nature qu'il parcourt, ne faire qu'un avec elle : la connaître intimement et la respecter.

Pour en revenir aux arts martiaux d'Orient, on peut dire plus précisément que la technique du combat à mains nues vint du fait que les moines voyageurs étaient souvent attaqués et dévalisés, sinon tués, par des soldats et des brigands ; or, ces moines ne pouvaient se servir d'armes car leurs préceptes l'interdisaient : ainsi en Chine sous Boddhidarma se développa un art du combat sans armes qui se différenciera plus tard en karaté, judo, taï-chï ; cet art permit aux moines de se défendre en toutes circonstances. Les gestes précis et efficaces que l'on retrouve dans le karaté, les prises subtiles du judo qui se servent de la force de l'adversaire, les parades lentes, souples, félines du taï-chï, viennent de là ; elles permettaient à chaque moine de disposer de moyens de défense naturels adaptés à son énergie propre. Ces arts martiaux doux n'étaient alors pas séparés en catégories distinctes, mais devaient se présenter simplement sous forme d'une série de mouvements, de coups et de « trucs » qu'on s'enseignait les uns aux autres lors de rencontres, de même qu'on échangeait des secrets pour guérir (les plantes utiles, les massages efficaces...), des techniques de méditation (souvenez-vous du Bouddha qui avant de s'asseoir sous son arbre en zazen reçut l'enseignement de nombreux yogins croisés sur son chemin). On partageait également les expériences vécues dont on pouvait retirer une leçon, à la fois morale et pratique, pour la vie.

Les moines errants transportèrent cet enseignement de Chine au Japon, où il connut, partant de la région d'Okinawa, un essor spectaculaire. S'y développèrent surtout le karaté et le judo. Le taïchï resta plus spécifiquement chinois...

Q. — On le pratique aujourd'hui encore en Chine, tous les jours, dans les rues, les usines... J'ai vu un film montrant les foules immenses faisant les mêmes gestes en une sorte de lent ballet fascinant...

R. — Jadis, le taï-chï était réservé aux femmes, aux enfants, aux vieillards, aux gens faibles. C'est un exercice très intéressant car il apprend à respirer correctement (comme en zazen), à assouplir tout le corps et à concentrer l'esprit. On a même pu l'appeler le « Zen debout » ; mais ce n'est malgré tout qu'une danse, une gymnastique d'où l'esprit du Zen s'est échappé.

Q. — *Qu'y a-t-il de plus important dans la pratique des arts martiaux ?*

R. — La respiration. Comment allez-vous sous le nombril ? *(Eclats de rire.)* Je ne parle pas du sexe, hein ! Mais du *hara* qui se trouve trois doigts sous le nombril. C'est par la respiration juste que nous pouvons développer la puissance du *hara* y rassembler toute l'énergie...

Q. — *Quel est l'art martial le plus noble ?*

R. — Le kendo, art de l'épée, a toujours été considéré comme la pratique la plus élevée, la plus noble, la plus proche de l'esprit du Zen. Pourquoi ? Car tous les samouraïs et les Maîtres japonais savaient qu'avant d'être digne de tuer quelqu'un, il leur fallait d'abord savoir se tuer soi-même : avec l'épée, ils apprenaient non seulement à trancher l'adversaire, mais surtout à trancher leur propre conscience. S'ils ne pouvaient le faire, ils ne réussissaient pas à gagner.

Comment mourir, comment vivre ? La voie du sabre, le kendo, posait sans cesse cette question : en cela, elle se rapprochait de la Voie et retrouvait l'esprit du Zen. Le tir à l'arc, le kyudo, est aussi une pratique d'une haute dimension spirituelle. Herri-

gel dans son livre en a très bien parlé. Qui lâche la
flèche ? Quand la lâcher ? Lorsque conscience et
corps ne font qu'un, dans un parfait détachement :
alors la flèche vole libre vers son but. La posture
pour le tir est très importante, elle doit être très
belle, très harmonieuse — aussi bien à l'intérieur
qu'à l'extérieur de soi. Au Japon, les grands Maîtres
du Kyudo étaient considérés à l'égal des roshis, les
grands Maîtres du Zen.

Avant-guerre, je suivais les congrès annuels d'arts
martiaux où les meilleurs Maîtres et leurs disciples
se retrouvaient. Mon Maître, le moine Kodo Sawaki,
y était très influent : ainsi ai-je bien compris la
profondeur de ces combats. Cela n'avait rien à voir
avec de la simple compétition, mais rejoignait la
plus haute philosophie : l'art de vivre et de mourir.
Les postures étaient parfaites. Si la posture (*shi sei* :
la forme et la force) est parfaite, le mouvement qui
la suit le devient aussi. Cela se sent bien dans le tir à
l'arc, qui enseigne la façon juste de se comporter :
une belle posture, la solitude intérieure, l'esprit
libre, l'énergie (le *ki*) équilibrée entre le cosmos,
l'être et la puissance du corps, une respiration
correcte concentrée dans le hara, la conscience
attentive, claire. Bander l'arc, se concentrer sur la
respiration juste, viser exactement, puis tirer.

Q. — Quand tirer ?

R. — Herrigel a mis six ans avant de comprendre
cela, avant de comprendre la beauté du tir juste, qui
est un acte total, dans la conscience *hishiryo*.

L'ombre des pins
dépend de la clarté de la lune,

disait Kodo Sawaki. C'est l'esprit *zanshin :* l'esprit qui demeure, sans s'attacher, et reste vigilant, attentif à l'instant présent et à celui qui le suit...

L'intuition dicte alors le geste.

Ceux qui pratiquent zazen peuvent aisément le comprendre. Et tous ceux qui font à la fois l'expérience des arts martiaux et de zazen en tirent grande sagesse et efficacité.

Q. — Retrouve-t-on cet esprit dans d'autres arts martiaux ?

R. — On peut, on doit, retrouver cet esprit dans chaque geste de la vie.

Les techniques de combat diffèrent entre elles. Mais si wasa (la technique), *ki* (l'énergie) et *shin* (l'attitude de la conscience) ne forment pas une unité, il ne peut y avoir d'acte juste.

Q. — Est-ce aussi vrai pour le judo ?

R. — C'est vrai pour tous les arts martiaux et, finalement, pour toutes les actions de notre vie. Le judo était célèbre au Japon avant la naissance du Christ et devint une vraie science, un art à part entière. Savoir se servir de l'énergie de l'adversaire... et connaître les points névralgiques.

Q. — Quels sont-ils ?

R. — De nombreux points doivent rester secrets. C'est à votre maître en arts martiaux de prendre ses responsabilités, suivant votre degré d'évolution.

Q. — Quels sont les point pour réanimer quelqu'un ?

R. — Les *katsu ?* Vous avez d'abord le point *kikaïtanden,* qui se trouve sous le nombril, à sept ou huit centimètres environ, entre deux points d'acupuncture : il faut attraper la peau avec la main et tordre. C'est efficace en cas de coma, mais aussi pour lutter contre le typhus, le choléra...

En cas d'accident survenu dans la pratique d'arts martiaux, il est bon de masser la zone *sancho,* qui se situe légèrement à gauche de la cinquième vertèbre dorsale : travaillez ce point avec le genou en pliant le corps vers l'arrière.

Il existe aussi un point nommé *koson,* vers le centre du pied *(voir graphique A)* sur lequel on peut agir avec une aiguille d'acupuncture, des moxas, ou de vigoureuses pressions du doigt.

Enfin, pour faire repartir les battements du cœur, dissiper les évanouissements, voire les brumes d'une soirée trop arrosée d'alcool, il faut longuement et fortement presser entre le pouce et l'index de l'autre main le point *gokoku,* grand point de réanimation. *(graphique B).*

Evidemment, il faut veiller à la respiration qui, chez un mourant par exemple, s'éteint doucement. Pour cela, travaillez sur le diaphragme en massant le plexus solaire de bas en haut ; et en massant le cœur avec les deux mains. Excellent aussi dans le cas de gens qui viennent de se noyer, ainsi que pour ceux qui ont reçu un choc ou un mauvais coup.

Q. — Comment se rendre compte si quelqu'un est mort ou pas ?

R. — Il faut regarder le pouce, le presser entre deux doigts : si la couleur ne change pas, c'est fini.

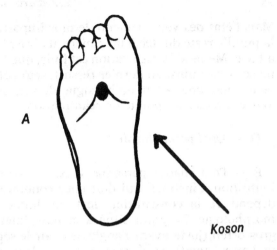

A

Koson

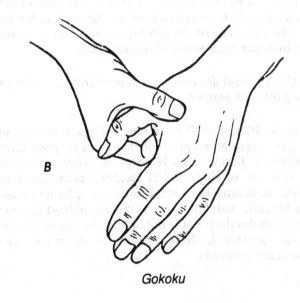

B

Gokoku

Mais l'état des yeux demeure le plus important. Si la pupille reste dilatée à la lumière, il n'y a plus rien à faire. Même si la respiration est finie, que le doigt ne se colore plus, en dernier ressort, seul l'état des yeux renseigne. Au moindre signe de vie, on peut agir et presser les points de réanimation.

Q. — Quel point choisir ?

R. — Pour chaque personne, il est différent. C'est l'intuition, l'instinct, qui doit nous conduire. Tout dépend de la constitution, forte ou faible, de la morphologie. Le point situé à la base interne du gros orteil (juste avant l'angle de chair le séparant de l'autre doigt) est efficace pour tout le monde. Il faut saisir l'orteil (ou les deux orteils) entre deux doigts et presser fortement sur une expiration longue, le temps nécessaire pour réveiller les personnes évanouies ou tombées en syncope. Quand quelqu'un tombe en zazen ou en kin-hin, agissez sur ce point ou bien sur ceux indiqués auparavant.

Q. — Y a-t-il des massages pour entretenir la forme ou guérir les maux ?

R. — Bien sûr ! Il est même indispensable de se masser régulièrement, quotidiennement, pour faire tourner l'énergie dans le corps et éviter qu'elle se bloque ou se disperse. Il faudrait faire un livre entier là-dessus. Mais vous pouvez simplement masser les zones suivantes, en malaxant, en frottant, par pression des doigts et tapotements du poing. Je vais vous montrer la base essentielle du savoir des masseurs japonais.

(Suit une démonstration passionnante sur le corps même des participants : la voici résumée par les graphiques suivants.)

Graphique I

1. Décongestionne la vessie.

2. Masser ce point, situé dans la vallée qui se trouve sous le cervelet droit, lutte contre les règles douloureuses et aide à trouver un sommeil paisible en cas d'insomnie ou de nervosité.

3. Rend le cerveau clair et les épaules légères.

4. Donne de l'énergie.

5. Les reins deviennent forts.

6. Soigne la constipation.

7. Donne de l'énergie.

8. Donne de la force aux ovaires, assouplit et embellit la peau, accroît l'énergie sexuelle.

9. Abaisse les tensions nerveuses.

10. Soulage la vessie, raffermit les chairs, chasse le trop plein d'eau du corps.

Graphique II

1. Masser (en frottant) la gorge, aide à faire disparaître les tensions ; de plus les influx sexuels s'accroissent et, chez les femmes, les seins se développent.

2. Rééquilibre le petit intestin.

3. Rééquilibre le gros intestin.

4. Rééquilibre le sexe et les reins.

5. Masser ce point *kokoro* par pression du plat de la main, calme les passions du corps et de l'esprit.

6. Masser le nombril, renforce la rate.

7. Aide à faire passer la constipation.

8. Stimule le sexe et la peau.

9. Calme la nervosité.

10. Rééquilibre la circulation du sang.

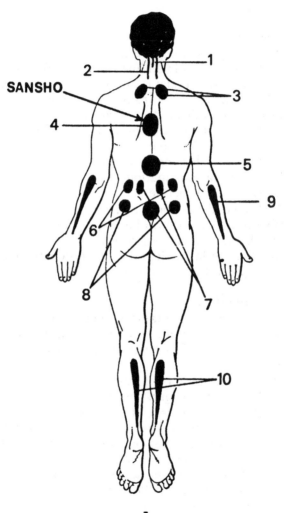

SANSHO

I

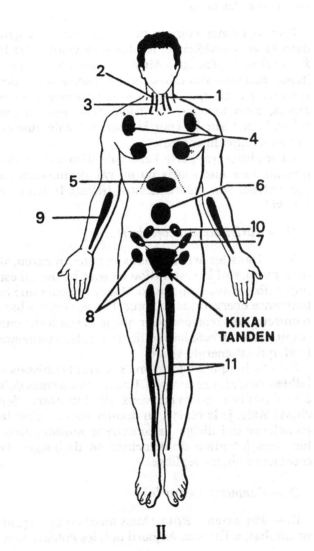

KIKAI TANDEN

II

11. Raffermit les organes sexuels féminins, les intestins et les reins.

Pour réanimer comme pour combattre ou agir dans la vie quotidienne, le plus important, c'est le *ki*, l'*activité*, l'énergie. Ainsi, finalement, la plus haute méthode de combat reste de *kiaï*, le *kwatz*, des maîtres rinzaï, qui, sans un mouvement, sans armes, sans toucher, pouvaient tuer avec le son véhiculé par leur *ki*. Leur *ki*, énergie totale, fusionnée avec celle du cosmos...

La tradition rapporte l'exemple d'un maître qui pouvait tuer une souris ou un rat simplement en concentrant son regard dessus. *(Rires)*. Il avait un fort *ki* !

Q. — Parlez-nous encore du ki...

R. — Dans les arts martiaux comme en zazen, si ni la posture ni la respiration ne sont bonnes, il est impossible d'avoir un bon *ki*. Il faut toujours que la puissance énergétique, la force, la conscience s'harmonisent sans tensions pour que le *ki* soit fort : une respiration correcte harmonise tout cela et alimente le *ki*, qui est énergie vitale.

Si la technique est forte, mais le *ki* et la puissance faibles, ce n'est pas complet. Chacun des termes doit être équilibré. Souvenez-vous de l'histoire des chats. Mais, je le répète, en dernier ressort, c'est la conscience qui dirige, la conscience *mushin*, absolue, sans intention de demeurer ou de bouger, la conscience objective, libre...

Q. — Comment exercer le ki ?

R. — Par zazen ! *(Rires.)* Mais aussi en s'exerçant au combat, à l'action. Aujourd'hui, les enfants sont trop faibles : l'éducation moderne les rend faibles, mous, sans *ki*. Le maître d'Obaku éduquait toujours avec son *kyosaku* (bâton) en donnant des grands coups à ce disciple trop intelligent, qui posait trop de questions et analysait sans cesse chaque situation avec son mental. L'histoire raconte qu'Obaku en eut assez, s'en alla trouver un autre Maître et lui raconta son histoire. Celui-ci lui dit : « Mais votre Maître vous enseigne la vraie voie pour trancher votre mental et trouver cette vérité que vous cherchez. » Alors, Obaku revint vers son ancien Maître qui lui dit : « Alors, vous avez compris ? » « Oui », dit Obaku, en lui assénant un grand coup de bâton. *(Rires.)* Par le kyosaku, le bâton, le *ki* devient fort. Il faut donner une éducation forte pour éduquer un *ki* fort.

Q. — Qu'est-ce que la peur ?

R. — La peur ?

Q. — Oui, la peur. A-t-on peur par manque de ki ?

R. — Oui. Il n'y a aucune raison d'avoir peur de quoi que ce soit. Ceux qui ont peur sont trop égoïstes, ne pensent qu'à eux-mêmes. Il faut abandonner son ego, alors la peur disparaît. Quand vous allez toujours *contre*, la peur survient. Même dans un combat, il faut avoir la même conscience que son adversaire et ne pas aller contre, mais *avec*. C'est un grand koan.

Il faut devenir la situation et ne pas se différencier d'elle. Un être égoïste ne pourra jamais être brave, jamais. La vraie éducation traditionnelle des arts martiaux renforce le *ki*, détruit l'égoïsme et la peur, fait abandonner l'esprit dualiste et développe la conscience *mushin,* qui s'oublie soi-même.

Pas nécessaire de vouloir gagner ; alors seulement peut-on gagner.

Abandonner l'ego... C'est le secret d'une vie juste. Renforcer la volonté, la force, l'habileté est nécessaire dans la vie comme dans la pratique des arts martiaux. Mais renforcer l'esprit et trouver sa liberté reste l'essentiel !

Mushin... Rien.

Q. — Le ki *est-il l'énergie que l'on a en soi ?*

R. — Oui et non. Cela existe dans le tréfonds de l'énergie physique. C'est l'existence qui crée l'énergie, c'est le mouvement du mouvement. *Ki* est toujours mouvement, mouvance : le flux impalpable de la vie. L'énergie proprement dite est une forme mise en action par *ki.* Qu'est-ce qui fait bouger le sang de nos veines, ou les influx nerveux, ou les mouvements des intestins ?... Le *ki* mouvant, qui crée le mouvement de la vie. Alors, coïncider avec *ki* signifie ne faire qu'un avec cette énergie fondamentale. Lorsqu'un pianiste, par exemple, sait très bien jouer du piano, ou un guitariste de la guitare, c'est son *ki* qui finit par jouer et se servir inconsciemment de la technique apprise.

Q. — Mais il y a une expression japonaise : « Yowaki » qui signifie : « Cette personne a un faible ki. *» Une autre dit : « Tsuyoki », et signifie par contre que son* ki *est fort.*

R. — Oui, certaines gens ont un *ki* très fort, d'autres un *ki* faible. C'est leur façon de transformer l'énergie vitale qui diffère. En japonais, une expres-

sion couramment employée est : *ki gai yuku*, qui
signifie : le *ki* s'échappe. On dit qu'après avoir fait
l'amour, ou quand on est fatigué, que le *ki* s'est
enfui... Mais, tant qu'on vit, il reste toujours du *ki* en
soi, et il faut savoir le renouveler. Quand le *ki* s'est
complètement échappé hors du corps, c'est la mort.
Notre « activité », celle du sang, de la respiration,
des organes... se termine, ainsi que la vie même des
cellules. Le cerveau lui-même s'arrête de fonction-
ner au bout de quelques jours.

Q. — Reste l'esprit ?

R. — Peut-être. Mais je ne suis pas d'accord avec
les théories occidentales qui séparent le corps de
l'esprit. L'esprit a besoin d'une forme pour se
réaliser, donc d'un corps. Alors, si le corps est mort,
ce que nous connaissons sous le nom d'esprit meurt
aussi, retourne à l'énergie cosmique. Notre *ki*, à la
mort, revient au cosmos.
   Le vrai problème reste : d'où tout cela vient-il ?

Q. — Vous parliez tout à l'heure de « renouveler le
ki ». *Comment faire ?*

R. — Quand on est vivant, on prend du *ki* sans
arrêt, essentiellement par la respiration, et aussi
par l'alimentation, par l'interdépendance avec les
autres... L'énergie cosmique ne varie pas : elle est.
La transformation de cette énergie par notre corps
donne le *ki*, l'énergie vitale. Rien d'abstrait dans le
ki : c'est la source de l'esprit. Si le *ki* n'est pas fort,
le pouvoir vital est faible, si le *ki* est fort, la
puissance vitale est forte. Dans les arts martiaux
comme dans la vie, il est essentiel d'avoir du *ki*. La
meilleure façon pour l'acquérir reste la respiration,

une bonne respiration concentrée sur l'expiration profonde. En zazen, on est immobile, mais, par la respiration, on développe un *ki* très fort. Et les grands Maîtres d'arts martiaux font le moins de gestes possibles ; ils restent concentrés sur leur expiration dans le *hara* : tandis que les *dan* inférieurs s'agitent et dépensent du *ki* en pure perte.

Comment utiliser notre *ki*, voilà le point important. Quand on est jeune, on n'y prête pas d'attention, mais plus on vieillit, plus le corps se fatigue, plus le problème prend de l'acuité. Mais par la pratique de la respiration juste, on peut se guérir, renouveler sans cesse son énergie vitale et garder de la force, de jour en jour. Mais il faut veiller à ne pas la dépenser inutilement. Zazen apprend cela. Un autre facteur de perte de *ki*, surtout dans la civilisation moderne, est la dispersion, l'agitation mentale, l'anxiété, le désordre des pensées : aujourd'hui, on se sert trop du cerveau frontal, alors que l'on devrait développer l'activité inconsciente de l'hypothalamus pour renforcer le cerveau profond, l'intuition, l'instinct. Et le manque d'énergie vitale rend les gens malades : tout le monde est plus ou moins malade aujourd'hui. Pourtant, on pourrait se guérir soi-même, en exerçant son *ki*. Faire que, comme dans le *kiaï* (cri des samouraïs), le *ki* et le corps soient en totale fusion. Comprenez bien cela, l'importance de l'expiration : essayez donc de pousser un cri puissant sur l'inspiration ! L'expiration est la clé du *budo*. Et aussi l'art d'utiliser son *ki* par la concentration.

Q. — Qu'est-ce que la concentration ?

R. — Savoir se concentrer : mettre son *ki*, son énergie vitale, dans une seule action à la fois.

L'entraînement de la concentration fait que, peu à peu, on sait se concentrer sur une seule chose à la fois, mais on est aussi conscient de tout ce qui se passe alentour. Il est nécessaire de se concentrer toujours sur un seul point : ainsi, dans les arts martiaux, je dis qu'il faut se concentrer sur les yeux. Cela n'empêche pas, bien au contraire, de sentir le moindre mouvement de l'adversaire.

Quand on fait zazen, il faut se concentrer sur la posture et la respiration ; dans les arts martiaux, il faut se concentrer sur l'entraînement, la respiration, et, en cas de combat, sur l'adversaire. En général, il faut se concentrer pleinement dans cha que situation. Ici, maintenant, je bois de l'eau ; ne faire que cela, boire de l'eau. Se concentrer sur l'eau qu'on boit. Et ainsi de suite. Pas la peine de trop penser !

Au contraire, penser avec le corps, avec l'instinct. On peut tout ressentir à l'aide de l'intuition. Dans l'histoire du Japon, il y a l'exemple d'un samouraï aveugle que personne ne put jamais atteindre. Il ne bougeait pas, attendait et ressentait par l'intuition les mouvements de l'adversaire. Il ressentait les moindres vibrations ! C'est tout à fait possible. Considérez le nombre de choses que l'on ressent en zazen ! On est immobile et pourtant, on sent le moindre geste de ceux qui sont autour. Nous voyons avec les yeux de la conscience.

La concentration s'acquiert par l'entraînement : être concentré sur chaque geste. Revenir à la condition normale du corps et de l'esprit. Finalement, la volonté ne joue plus, cela se fait automatiquement, naturellement, inconsciemment. Sans fatigue. Tandis qu'avec la volonté, le cerveau frontal se fatigue, et avec lui, l'être entier. Dans les combats, les *dan* inférieurs se fatiguent vite car ils sont tendus, se

demandent sans cesse ce qu'il convient de faire,
quand agir, etc. De même un acteur qui pense à son
rôle en le jouant, est mauvais : il doit le vivre, c'est
tout. Se donner pleinement. Grâce à Zazen, on
comprend cela très simplement.

Q. — Qu'est-ce que la Voie ?

R. — Regarder sa conscience, ici et maintenant...
Et un koan Zen dit : la Voie est sous vos pieds.

Q. — Comment bien la suivre ?

R. — En entraînant son corps, en méditant par
zazen, également en se cultivant. Mais ne pas
devenir trop intellectuel, cela use le *ki*. Par ailleurs,
chacun son propre chemin, chacun son cosmos !

*Q. — Un jour, vous m'avez dit : « Zazen est l'entraî-
nement de la mort, les arts martiaux celui de la vie. »
Alors, faut-il pratiquer les deux ?*

R. — Oui, les arts martiaux visent finalement à se
maintenir en vie face à des forces contraires, tandis
que zazen résout la question de la mort. Je dis
souvent : en faisant zazen, c'est comme si vous
entriez dans votre cercueil car, finalement, vous
abandonnez tout. Les deux peuvent être complémentaires. Mais les arts martiaux aujourd'hui sont
une sorte de gymnastique et ont perdu leur profondeur initiale. En zazen par contre, on continue à
s'observer : la posture est éternelle. Dogen a écrit :
« Les cendres ne peuvent contempler le bois, le bois
ne peut contempler ses cendres. » Il en découle que
vivants, nous devons nous concentrer sur la vie et à
l'approche de la mort, il faut abandonner la vie et

savoir mourir. C'est la sagesse. Mais qu'est-ce que la vie, qu'est-ce que la mort ?

Alors, si l'on veut vraiment vivre, il faut connaître la mort en soi. La vie est une succession d'ici et maintenant : il faut se concentrer sans cesse, dans l'ici et maintenant. Les gens, qui sont angoissés par le futur ou le passé, ne se rendent pas compte de l'illusion dans laquelle ils vivent. Il faut résoudre la contradiction en soi, la contradiction portée par notre cerveau même. Contradiction qui se retrouve dans toute notre vie, familiale, sociale, intérieure... Le seul moyen de la résoudre, c'est *hannya* : la sagesse. La sagesse a deux visages : d'un côté sévère, froid ; de l'autre, bienveillant et compatissant. Comme mon visage : parfois si sévère qu'il fait peur, parfois bon, si souriant que tout le monde a envie de m'embrasser. *(Rires.)*

Q. — Mais quand quelqu'un vous attaque, on ne peut penser à tout cela, que faire alors ?

R. — Ne pas penser bien entendu. Mais réagir avec sagesse. On doit toujours faire preuve de sagesse. Si vous êtes attaqué par plus fort que vous et si vous ne vous sentez vraiment pas de taille, il vaut mieux fuir ! Pas la peine de prendre une raclée ! *(Rires.)* Sinon, il faut se battre. Sans passion, avec instinct, force et sagesse

Q. — C'est le secret ?

R. — *(Sensei éclate de rire et répond en mimant :)* Un jour, un jeune samouraï très fier vint voir un grand Maître de kendo et lui demanda : quel est le secret de votre art ? Le Maître prit calmement son bâton le fit tournoyer et en asséna un grand coup sur le jeune homme! Ce dernier eut sûrement le satori!

Q. — Bonne leçon pour lui, n'est-ce pas ?

R. — Bien sûr, si le maître l'a fait! Le jeune samouraï la méritait certainement. Ne soyez pas étroit d'esprit! Chaque situation exige une réaction particulière. Qu'est-ce que le bien ou le mal? La sagesse profonde, *hannya,* doit dicter la réponse juste, le geste juste.

Comment se concentrer? C'est la vraie question. En se réfléchissant soi-même, on peut alors voir les imperfections de son *karma,* et contrôler les bonnos, désirs et passions. En cela zazen est le grand miroir de nous-mêmes qui nous permet de nous améliorer. Si dans la vie on n'a pas une telle pratique qui rééquilibre les tendances, on ne développe qu'une partie de nous-mêmes. On devient, d'une façon ou d'une autre, trop spiritualiste ou trop matérialiste. C'est là l'erreur de toute la civilisation moderne et la cause de la crise actuelle.

Il faut savoir se contrôler soi-même, voilà le secret.

Contrôler corps et esprit, cette unité. Contrôler la vie et la mort.

Cinquième partie

LA VIE ET LA MORT

Dokan, l'anneau de la Voie.

L'eau pure pénètre le tréfonds de la terre.
Aussi, quand le poisson nage dans cette eau,
Il a la liberté du véritable poisson.
Le ciel est vaste et transparent jusqu'aux confins
du cosmos
Aussi, quand l'oiseau vole dans le ciel
Il a la liberté du véritable oiseau.

Maître DOGEN,
Zazen Shin

A esprit libre, univers libre.

Enseignement à un samouraï

Voici ce que Maître Daichi enseigna au samouraï Kikuchi quand il l'ordonna Bodhisattva :

« Si à propos du problème fondamental de la vie et de la mort, vous voulez éclairer votre lanterne et avoir une certitude, il faut en premier lieu vous référer à *Mujo Bodai Shin :* la Sagesse inégalée du Bouddha.

Que signifie *Bodai Shin ?*

C'est l'esprit qui, profondément, observe *mujo*. *Mujo*, c'est-à-dire l'impermanence, l'éternel changement de toutes choses (tout ce qui existe en *ku :* vide). De tout ce qui vit, soumis aux actions antagonistes et complémentaires des deux pôles Yin et Yang, en chaque point de l'espace entre le ciel et la terre, rien n'échappe au changement et à la mort. *Mujo* ne cesse pas un instant de vous épier, et il passe à l'attaque brusquement, avant que vous vous en rendiez compte. C'est pourquoi le sutra dit : « Cette journée s'achève, avec elle doit finir votre vie. Voyez, par exemple, la joie naïve du poisson dans la flaque d'eau, une joie pourtant bien menacée. »

Vous devez vous concentrer, et vous consacrer entièrement à chaque journée, comme si vous deviez éteindre le feu dans vos cheveux. Vous devez rester prudent, vous souvenir de *mujo* et ne jamais faiblir. Si votre vie vient à tomber sous la coupe de l'horrible démon de *mujo*, vous avancerez solitaire sur le chemin de la mort, sans compagnon, sans même la présence de votre femme et de votre famille. Même les palais ou la couronne royale ne pourront suivre votre corps mort. Votre conscience compliquée, qui s'attachait si fort et jouissait tant de l'amour charnel et des réalisations matérielles, se changera en une forêt de lances ou en une montagne de sabres.

Et toutes ces armes vous provoqueront bien des troubles et vous attireront bien des revers à mesure que vous cheminerez. Elles briseront votre corps en pièces et déchiquetteront votre âme. A la fin, descendant dans les profondeurs obscures de l'enfer, entraîné par le poids et la nature de votre *karma* vous renaîtrez dix mille fois ou mourrez dix mille fois, empruntant la forme de tous les démons infernaux qui correspondent aux divers aspects de votre mauvais *karma*. Chaque jour, vous souffrirez pour toute l'éternité.

Donc, si comprenant tout cela, vous demeurez pourtant incapable de réaliser que votre vie n'est rien de plus qu'un rêve, une illusion, une bulle, une ombre, à coup sûr vous finirez par regretter cette souffrance éternelle subie dans le domaine terrifiant de la vie et de la mort. Celui qui cherche l'authentique voie spirituelle du Bouddhisme, doit commencer par enraciner *mujo* dans son cœur.

Votre mort viendra bientôt : n'oubliez jamais cela d'un instant de conscience à l'autre, d'une inspiration à une expiration. Si vous n'êtes pas ainsi, alors vous n'êtes pas réellement celui qui cherche la vraie Voie.

Maintenant, je vais vous indiquer le meilleur moyen de résoudre le problème de votre vie et de votre mort : pratiquez zazen. Ce qu'on appelle zazen, c'est s'asseoir sur un *zafu* (coussin) dans une pièce silencieuse, parfaitement immobile dans la position exacte et correcte, sans prononcer aucune parole ; l'esprit vide de toute pensée bonne ou mauvaise. C'est continuer uniquement à s'asseoir paisiblement devant un mur. Tous les jours.

Ainsi en zazen, il n'y a ni mystère spécial ni motivation particulière. Mais par zazen, votre vie très certainement s'épanouira et sera plus parfaite. Donc, vous devez abandonner toute intention, renoncer à atteindre un but, quel qu'il soit, pendant zazen.

Où donc dans votre corps et dans votre esprit se trouve la vraie méthode pour vivre et pour mourir ? Vous devez comprendre de quoi il s'agit par une profonde introspection. Si vous trouvez votre ego spécial, je vous en prie, montrez-le-moi. Si vous ne le trouvez pas, alors, je vous en prie, continuez à le garder et à le protéger fidèlement : et oubliez donc celui qu'habituellement vous montrez à votre entourage.

Très naturellement alors, au bout de quelques mois, de quelques années, vous pourrez automatiquement et inconsciemment pratiquer *gyodo* (la vraie Voie) avec tout votre corps, sans effort de volonté.

Gyodo ne signifie pas seulement pratiquer une voie particulière ou se plier à des cérémonies spéciales, mais c'est s'appliquer à toute chose dans la vie quotidienne ; marcher, se tenir debout, s'asseoir, se coucher, même se laver le visage, se rendre aux toilettes, etc.

Tout doit devenir *gyodo*, le fruit du vrai Zen. Toutes les actions vivantes du corps et tous les gestes doivent s'harmoniser avec la signification du vrai Zen. Votre conduite et tous vos comportements doivent suivre l'ordre cosmique, naturellement, automatiquement, inconsciemment.

Quand on réussit à créer ces conditions de la concentration (*samadhi*), on peut devenir un vrai « leader », doué d'une grande profondeur de super-vision sur le chemin de la vie et de la mort, tout au long de la terrible errance.

Même quand toutes les existences de la terre, l'eau, le feu, le vent, et tous les éléments se désinte-grent, même quand les yeux, les oreilles, le nez, la langue, le corps et la conscience sont dans l'erreur ; même quand les complications de vos *bonno* (illu-sions) engendrent des turbulences qui s'élèvent et roulent dans l'esprit comme les vagues houleuses de l'océan.

Donc, quand vous créez dans votre corps et dans votre esprit l'état normal et juste, on peut dire que vous êtes authentiquement éveillé et que vous avez pénétré le vrai zazen. On sait, en outre, que la réalisation du vrai *samadhi* permet de maîtriser et de comprendre la totalité des koans actifs des maîtres de la transmission. Parfois, on appelle Maîtres ceux qui, au-delà du doute, peuvent appré-hender le Zen, grâce à leur vision omnipénétrante de leur nature ou visage originel, grâce à leur volonté consciente, et grâce à leur technique Zen particulière. Mais s'ils ne créent pas la condition de vraie concentration, ils ne valent guère mieux qu'un mannequin tombé dans une fosse d'aisance puante, le repaire d'une tradition qui temporise. On peut affirmer qu'ils ne sont pas du tout de vrais Maîtres Zen.

A notre époque, nous regrettons de ne plus rece-voir des koans Zen de vrais Maîtres Zen, de vrais koans actifs et vivants. Presque tous les débutants font l'expérience, et si souvent, de *kontin* (la somnolence) et de *sanran* (l'excitation). Cela, parce que durant zazen, leur conscience et zazen sont deux états distincts, et qu'ils s'opposent à leur zazen.

Il ne faut pas pratiquer zazen consciemment, en le voulant.

Ils feraient mieux de pratiquer calmement, naturellement, sans aucune considération de ce qu'ils sont, de leur propre conscience, de ce qu'ils entendent ou ressentent. Et ainsi n'apparaîtrait jamais l'ombre la plus légère de *kontin* ou de *sanran*.

Quelquefois, quand vous pratiquez zazen, un grand nombre de démons peuvent surgir dans votre esprit et perturber votre zazen. Pourtant, à partir du moment où vous ne pratiquez pas la Voie consciemment, ces démons disparaissent. Avec une longue expérience, et grâce aux mérites infinis de zazen, vous comprendrez tout cela insconsciemment : tout comme dans un voyage, la route longue et périlleuse met le cheval à l'épreuve et donne l'occasion d'apprécier sa force et son énergie.

Ce n'est pas non plus du jour au lendemain que nous sommes sensibles à la bonté des personnes avec qui nous vivons. Sur la voie du Bouddha, vous devez conserver l'espérance éternellement sans jamais vous lasser, que ce soit dans le bonheur ou dans l'infortune.

Alors, vous serez l'un de ceux qui sont authentiquement responsables de la Voie.

Voici le point le plus important :

C'est en nous-mêmes que se trouve la racine, l'origine de la vie et de la mort.

Qu'est-ce que la pratique du Zen ?

Dogen a écrit dans le *Shobogenzo* : « Qu'est-ce que zazen ? C'est être dans l'instant même, au-delà de toutes les existences de l'univers, atteindre la dimension de Bouddha et vivre dans cette dimension. Zazen, c'est cela uniquement : au-delà des bouddhistes et des non-bouddhistes, c'est pénétrer au plus profond de l'expérience du Bouddha. »

Ce langage, très simple, reflète l'essence même du Zen qui est lui-même simplicité.

Quelle est l'essence du zazen ?

Zazen a sa signification en lui-même.

Il a été dit beaucoup de choses fausses à ce sujet.

1. Pour certains, le zazen est une *méditation,* une attitude de pensée. Mais zazen n'est ni un « isme », ni une pensée, ni une méditation, dans le sens où on la pratique dans le Christianisme, ou l'Hindouisme, par exemple. En Europe, Pascal définit l'homme comme « un roseau pensant », exprimant ainsi la conception européenne qui fait de l'acte de penser la base du comportement humain. La pensée emplit toute la vie, personne ne conçoit la non-pensée. Professeurs, philosophes en particulier, s'adonnent à la pensée, aucun ne songe à critiquer la pensée en soi. Zazen n'est ni une pensée, ni une non-pensée, il est au-delà de la pensée pensée pure sans

conscience personnelle, en harmonie avec la conscience de l'univers. Dogen cite cette histoire de Maître Yakusan : un jour, tandis qu'il était en zazen, un jeune moine lui demanda : « Que pensez-vous durant zazen ? » Il répondit : « Je pense sans penser. »

Hishiryo : dimension de pensée sans conscience. Telle est l'essence du Zen, de zazen.

La pensée consciente, bien sûr, est importante dans la vie courante et on ne peut la faire disparaître. Mais il arrive parfois qu'on ait l'expérience d'agir sans penser, sans conscience, sans ego, spontanément, comme par exemple dans l'art, le sport ou tout autre acte dans lequel on est impliqué corps et esprit. L'action se fait spontanément, avant toute pensée consciente. C'est une action pure, essence du zazen.

2. L'expérience de zazen n'est pas non plus une *expérience spéciale* ou mystérieuse, une condition particulière du corps et de l'esprit. C'est le retour à la condition humaine normale. On pense en général qu'une religion doit être faite de mystères et de miracles, par opposition à la science. De même pour zazen, beaucoup pensent qu'il s'agit de trouver une « illumination », un état d'esprit particulier. La pratique de la méditation, de la concentration dans la posture de Bouddha n'est rien de tout cela. Les cérémonies, dans les religions, éveillent émotion, sentiment, extase... Alors que zazen ne consiste ni en une extase ni en un éveil des sentiments, ni en une condition particulière du corps et de l'esprit. Il s'agit de revenir complètement à la pure condition normale de l'homme. Cette condition n'est pas l'apanage des grands Maîtres et des saints, elle est sans mystère, à la portée de chacun Zazen c'es·

devenir intime avec soi-même, trouver la saveur, l'unité intérieures et s'harmoniser avec la vie universelle.

3. Zazen n'est pas une *mortification*. Certains pensent qu'une *sesshin* (période d'entraînement intensif de quelques jours) consiste à faire zazen pendant de longues heures, à peu dormir, à ne manger que du riz et des légumes... et ainsi, à force d'épuisement, à entrer dans un état d'extase. C'est une grave erreur que font aussi de nombreux moines au Japon. Dogen a pourtant écrit : « Pendant zazen, vous devez utiliser un coussin bien épais, posé sur l'herbe ou sur une couverture. Le dojo doit être à l'abri des courants d'air, du vent ou de la pluie, l'atmosphère doit être agréable. Il ne doit faire ni trop clair ni trop sombre ; la température doit être adaptée à la saison. » Tout cela est très important, car zazen n'est pas une mortification, mais une Voie qui conduit à la véritable paix, à la liberté de l'homme.

Quelle est l'essence du zazen ? Seulement la *posture*, la *respiration* et *l'attitude de l'esprit*.

Tous les gestes de la vie deviennent Zen. Mais la source, l'origine, c'est seulement s'asseoir. La posture de zazen réalise l'*assise juste*. Le zazen se pratique assis sur un coussin : le *zafu*. Les jambes sont croisées selon la posture traditionnelle du lotus. Le pied droit sur la cuisse gauche, et le pied gauche sur la cuisse droite, plantes en l'air. Il est également possible d'adopter la demi-position · seul, un pied repose sur la cuisse opposée. Il est très important que les genoux prennent appui sur le sol.

Position du corps : le corps est droit. Le bassin basculé vers l'avant, de façon à ce que les organes internes se placent naturellement. Mon Maître disait que la position du dos devait être telle que l'on ait l'impression que l'anus se tourne vers le soleil. La tête est droite, le menton en retrait, de façon à ce que le nez soit à la verticale du nombril et les oreilles perpendiculaires à la ligne des épaules. Maître Dogen disait : « Le dos doit être comme un précipice. » La posture de zazen, c'est, comme je le répète souvent, « pousser le ciel avec la tête, pousser la terre avec les genoux. »

Position des mains et des épaules : les mains reposent sur les cuisses, paumes en l'air, la main gauche sur la droite. Les pouces se joignent horizontalement, dans le prolongement l'un de l'autre, formant le dessin d'un œuf. Les mains sont en contact avec le ventre. Les coudes ne sont pas collés au corps, mais légèrement écartés, tandis que les épaules et les bras retombent naturellement.

Position de la bouche et de la langue : la bouche est fermée, sans crispation. L'extrémité de la langue est collée au palais, derrière les dents.

Position des yeux : les yeux sont mi-clos, le regard posé, et non fixé, à un mètre devant soi, immobile.

La respiration : lorsque l'assise est correcte, la respiration est juste, et se fait de façon naturelle. L'expiration est plus longue que l'inspiration, puissante et calme comme le meuglement d'une vache. L'inspiration se fait ensuite automatiquement. Pendant l'expiration s'exerce sur les intestins une poussée vers le bas qui provoque une extension de la partie du ventre située sous le nombril. La respiration doit être silencieuse, naturelle et jamais forcée toujours la même tant en zazen qu'en kin-hin.

Zazen est la condition normale du corps et de l'esprit, tranquillité, stabilité, équilibre, harmonie. Avant zazen, on se balance légèrement de droite à gauche pour trouver l'équilibre immobile.

Cette expérience de zazen permet de trouver le véritable élan vital qui est en nous. Ce n'est ni une tension ni un relâchement, mais une vraie liberté et harmonie. Les Maîtres Zen disent toujours qu'on ne peut exprimer cela par le langage car ce serait tromper les gens en leur offrant une pomme peinte sur un tableau. L'enseignement du Zen, comme je le répète souvent, se fait *de mon âme à ton âme.*

Hara, l'océan de l'énergie.

L'unité du corps
et de l'esprit

Zazen et physiologie ont des rapports très profonds. La posture donne aux muscles un tonus parfait, sans tension ni relâchement, un équilibre du système nerveux, une harmonie entre nous-mêmes et l'univers.

Qu'est-ce que la vie ? En général, nous séparons notre vie individuelle, celle de notre corps de la vie de l'univers. Mais notre vie ne se limite pas à notre corps, elle est en perpétuel échange avec celle de l'univers. Comprendre cette interdépendance c'est la perception de *ku*, la pratique de *ku*, la plus haute vérité, l'amour universel. Cette vie de *ku* est une énergie infinie, illimitée que nous pouvons recevoir lorsque nous sommes en harmonie avec la vie universelle : elle nous pénètre alors inconsciemment, naturellement sans aucune résistance.

Normalisation du système nerveux en zazen

Nous prenons chacun des habitudes musculaires : mouvement, action, crispation ou relâchement complet, mais quelle est la condition normale du muscle ? Ce n'est ni la tension ni le relâchement, mais l'équilibre intermédiaire qui permet à son tour l'équilibre du système nerveux et du cerveau. Nous sommes dirigés par une double organisation des nerfs : d'une part, le système cérébro-spinal ou

système volontaire, relié au cortex et au mental, et
le système neuro-végétatif relié aux centres internes
du cerveau, ou système nerveux autonome, appelé
ainsi parce qu'on ne peut agir sur lui consciemment,
qui contrôle et actionne les différentes nécessités
biologiques : régulation émotionnelle, régulation
thermique, métabolisme, glandes endocrines, digestion, sommeil.

Zazen régularise ce système autonome ; son équilibre est la condition de la santé du corps et de
l'esprit.

Les nerfs périphériques s'étendent dans tout le
corps et tous les organes internes. Le grand sym-
pathique, composé de l'orthosympathique et du
parasympathique, conditionne l'équilibre de notre
corps : tonus en hypo et tonus en hyper. Cet équilibre, cette régulation, est la condition de la santé.

La plupart des gens sont préoccupés de diététi-
que, de médicaments, de cures, mais on peut
apprendre à contrôler soi-même son corps. En
zazen, cet antagonisme de l'ortho et du parasympathique étant équilibré, la circulation du sang, la
respiration, la digestion, le contrôle sexuel, le sommeil retrouvent leurs conditions normales. S'il y a
rupture de cet équilibre, la maladie apparaît. Les
médicaments n'ont sur lui qu'un effet partiel et
éphémère.

On ne peut diriger ce système autonome par la
volonté, même après avoir lu dix millions de livres
ou expérimenté toutes les religions. Il agit indépen-
damment de notre conscience, mais nous pouvons
en acquérir un contrôle inconscient par zazen ;
alors, les muscles reviennent à leur condition normale, le cerveau externe se calme, les structures
internes assurent un contrôle équilibré du neurové-
gétatif. De même le fonctionnement hormonal est

régularisé par zazen étant donné qu'il est en inter-action avec le système neuro-végétatif. Ayant oublié l'autorégulation naturelle de notre corps, la sagesse automatique du corps, nous imposons à ces centres régulateurs une violence qui perturbe leur rythme naturel. Cela est la cause principale des maladies qui apparaissent actuellement : névrose, cancer, etc. En calmant le cortex, zazen permet à ce rythme de se recréer.

Zazen est la posture originelle de cet équilibre qui peut être retrouvé ensuite dans les quatre postures fondamentales de la vie quotidienne : debout, en marche, assis, allongé. (On peut considérer que les Occidentaux ont également une posture mi-assise lorsqu'ils utilisent un siège.) Les mêmes principes se retrouvent dans ces quatre postures. Dogen a dit : « Si ces postures sont correctes, le corps et l'esprit retrouvent leur condition normale. »

La conscience (conscient-inconscient)

Si notre esprit est perturbé, les fonctions naturel-les de notre corps sont en général déréglées. Si l'esprit est calme, le corps peut agir spontanément ; action qui devient alors libre et facile. Si on se sert constamment du mental, le corps se trouve entravé dans son action. Nous ne devons pas penser unique-ment avec notre conscient. Corriger le mental est très difficile. Il n'y a pas que le cerveau qui pense. C'est la raison pour laquelle je répète souvent « Pendant zazen, l'on doit penser et vivre par tout le corps. »

Quand notre corps et notre cerveau sont agis par l'ego, ils ne peuvent être qu'en circuit fermé. Pendant zazen, ils peuvent s'ouvrir à la vie inconsciente et universelle.

Dans le *Hannya Shingyo* est expliqué :

1. *Shiki soku ze ku* : les phénomènes engendrent *ku*, le vide.

2. *Ku soku ze shiki* : *ku* engendre les phénomènes.

Cela signifie que tous les phénomènes sont identiques, que le monde phénoménal et le monde invisible de *ku* s'interpénètrent et sont interchangeables.

Comment vivre la relation entre ces deux mondes ?

C'est ce à quoi veut répondre le Zen en élargissant notre conscience à cette dimension. C'est la réponse au problème central de notre civilisation.

La vie authentique est conscience interdépendante (Conscience de l'Univers) plus conscience dépendante (ou conscience de l'ego).

Ceux qui ont un ego trop fort ne peuvent recevoir cette conscience universelle. Pour obtenir le *satori*, il faut abandonner l'ego. Pour tout recevoir, il faut savoir ouvrir les mains, et donner.

Cette conscience universelle est la source de l'intuition. L'intuition ne vient pas seulement du conscient, ou du système nerveux volontaire, mais surtout du système végétatif et de l'ensemble des cellules nerveuses du corps, relié au cerveau interne qui seul agit pendant le zazen.

Les moines Zen, par un long exercice et entraînement à la pratique du zazen acquièrent une profonde intuition et une grande sagesse avant de devenir Maîtres à leur tour. En suivant l'enseignement de leur Maître, par zazen, inconsciemment, ils obtiennent la vie universelle dénommée *satori*. Avant d'avoir cette compréhension totale d'eux-mêmes, ils se sont imprégnés de la conscience Ku.

Le sommeil

Si zazen est important pour capter la vie universelle, le sommeil peut aussi nous faire comprendre comment s'établit l'harmonie avec cette vie universelle. C'est pourquoi le sommeil a une grande importance dans notre vie.

Le jour est une période d'activité, la nuit une période de repos. Car, dans le sommeil, notre corps et notre cerveau étant inactifs, les cellules reçoivent une nouvelle énergie.

L'ensemble du système orthosympathique est actif le jour et l'ensemble du système parasympathique actif la nuit.

Le soleil et la lumière ont une influence sur toutes nos cellules. Aussi se modifient-elles au coucher du soleil et à nouveau à l'aube. A la lumière du jour, les cellules deviennent actives, et la nuit, elles sont plus réceptives à la vie extérieure. Cela est très important et, à l'époque actuelle, on se trompe beaucoup en prétendant pouvoir être actif aussi bien la nuit que le jour. Certains traitent leur corps comme une machine qui doit tourner sans cesse. C'est ensuite la fatigue, le déséquilibre, la maladie, la mort. Le cycle activité-repos est perturbé, et la relation avec la vie universelle est coupée.

Un sommeil naturel devrait coïncider avec le lever et le coucher du soleil, c'est-à-dire de 8 ou 9 heures le soir jusqu'à 4 ou 5 heures du matin. Même si cela est très difficile dans la vie actuelle, il est préférable, dans la mesure du possible, de se coucher avant minuit et de se lever tôt. Les moines Zen, dans les temples, se couchent tôt et se lèvent tôt ; ils acquièrent suffisamment d'énergie pour n'avoir plus besoin, au niveau alimentaire, que de mille calories au lieu des deux mille cinq cents nécessaires à l'homme ordinaire.

Le silence

Comme le sommeil, le silence a également une grande importance dans notre vie. Dans le Bouddhisme, on considère que l'activité *(karma)* du corps, de la parole, de la pensée, de la conscience, influence l'éternité. A l'époque actuelle, les gens sont trop expansifs, quand ils parlent, ils ne parlent qu'en fonction du résultat de leurs paroles, à un niveau superficiel, par diplomatie, intérêt, compétition et les relations inter-humaines deviennent compliquées, anxiété et orgueil. Par la pratique de zazen, nous apprenons à avoir des rapports directs, naturels, non influencés par notre ego et nous apprenons aussi la vertu du silence. Car corps et esprit retrouvent leur unité naturelle. « Dans le silence s'élève l'esprit immortel. »

La respiration

Dans les arts traditionnels japonais, arts martiaux, ikebana, etc., la manière de respirer est enseignée comme étant une chose fondamentale essentielle pour la concentration.

L'air contient l'énergie et la vie universelle que nous recevons par les poumons et par chacune de nos cellules, il est donc important de savoir respirer.

Ordinairement, nous respirons quinze à vingt fois par minute, d'une façon superficielle, puisque nous n'utilisons que le sixième de notre capacité pulmonaire. Une respiration profonde et complète ne se situe pas seulement au niveau de la cage thoracique ou du diaphragme, mais prend appui sur les intestins. De cette manière, le rythme respiratoire est de cinq à dix fois par minute, lent, profond, et calme.

C'est cette respiration que l'on pratique durant le zazen : expiration plus longue que l'inspiration, exerçant sur les intestins une poussée vers le bas ; l'inspiration se faisant ensuite automatiquement.

Par la pratique de zazen, cette respiration peu à peu devient habituelle dans notre vie courante et surtout durant le sommeil. L'énergie de la vie universelle contenue dans l'air se transforme alors en énergie de la vie humaine. Plus on est réceptif à cette vie universelle, plus notre énergie propre s'accroît et moins on a besoin, par exemple, de calories alimentaires.

La phase d'inspiration correspond à un approvisionnement, tandis que l'expiration, lente et profonde, permet la diffusion de cette énergie dans tout le corps.

Il est important d'insister toujours sur l'expiration, sur la diffusion, car l'inspiration, l'accumulation de l'énergie se fait inconsciemment et automatiquement.

— Les arts martiaux japonais utilisent cette façon de respirer : l'action doit toujours avoir lieu durant l'expiration (Yang) et si possible durant l'inspiration de l'adversaire (Yin), moment où il est le plus vulnérable.

— La pratique du *katsu* se fonde également sur cette respiration ; il s'agit d'un cri d'expiration, un *kwatz*, paralysant ou ranimant. On peut ainsi réveiller quelqu'un qui vient juste de mourir, car c'est donner l'énergie de la vie universelle à qui peut encore la recevoir.

— Lorsque, pendant le zazen, on donne le *kyo-*

saku, c'est pendant l'expiration que le bâton descend et frappe. Cette action doit se faire naturellement, sans participation de la volonté. Le meilleur effet est obtenu lorsque celui qui reçoit le coup est frappé juste à la fin de son expiration.

— Lorsque l'on chante le *Hannya Shingyo,* on doit exprimer le son longuement et profondément, en poussant sur les intestins durant l'expiration.

En pratiquant zazen, on apprend à utiliser inconsciemment cette respiration dans la vie quotidienne, et on acquiert de la même façon cette énergie universelle.

Cette respiration est aussi le moyen de réaliser l'unité du corps et de l'esprit. Les gens cherchent d'ordinaire à ce que leur esprit domine leur corps, et certains pratiquent zazen dans cette optique : la posture leur devient vite pénible, difficile, et ils abandonnent.

Dogen a écrit dans le *Shobogenzo* que si l'on veut obtenir le satori par la pensée consciente, le mental et l'ego ferment l'ouverture à la réception de la vie cosmique et nous enferment dans leurs limites.

Si on pratique sans but *(mushotoku),* on peut alors inconsciemment obtenir le satori, car zazen en lui-même est satori. « Etudier la voie du Bouddha, c'est s'étudier soi-même ; s'étudier soi-même, c'est abandonner l'ego ; abandonner l'ego, c'est se fondre avec le cosmos tout entier. »

Dogen dit que *hishiryo* est le secret du zazen. *Hishiryo* est « penser sans penser », sans aucune conscience personnelle, sans ego ! C'est la liberté totale, unité parfaite du corps et de l'esprit.

Le Hara

Le *hara* désigne la partie du bas-ventre, près des organes génitaux, où se concentre la plus grande part de l'énergie des nerfs du système neuro-végétatif. En zazen, nous pouvons naturellement faire pénétrer en nous la vie cosmique par ce centre, d'où l'importance de la respiration et en particulier de l'expiration qui se concentre là : en japonais, on dit : « Tendre les muscles du bas-ventre. »

L'énergie sexuelle

L'énergie cosmique se concentre dans le bas-ventre, et en particulier dans les organes génitaux. L'énergie sexuelle, en effet, est la manifestation principale de cette vie universelle en nous, elle permet la relation entre la vie de l'univers et la vie individuelle, entre le monde des phénomènes et le monde invisible du *ku*.

Le système cérébro-spinal et les cinq sens nous permettent de *vivre,* le système neuro-végétatif et les organes sexuels nous permettent *d'être vécus* à travers la vie de l'univers.

L'énergie sexuelle lors de la procréation permet la manifestation dans le monde phénoménal de la force *(ki)* de la vie universelle. L'être humain ainsi créé, outre cette vie universelle, éternelle, vie de *ku*, reçoit également un *karma* issu de ceux qui l'ont engendré.

A la mort, corps et conscience individuelle disparaissent, tandis que karma et vie universelle continuent éternellement : mourir, c'est retourner à *ku*, à l'essence véritable de nous-mêmes.

Jusqu'à maintenant, les religions et les morales traditionnelles ont considéré le problème sexuel comme tabou, engendrant peurs, ascétisme, frustrations. Il est important que l'éducation moderne rende à notre société le sens authentique et naturel à la sexualité.

Celle-ci, conçue comme une énergie issue de la vie universelle, apporte aux rapports humains une nouvelle qualité. L'amour humain, la vie humaine atteignent la plus haute dimension et le vrai bonheur.

La pratique de zazen crée en chaque individu une révolution intérieure apportant la « conscience juste », la « respiration juste », le « sommeil juste », la « sexualité juste », qui sont les bases d'une authentique civilisation.

Zazen signifie se fixer au centre de l'ordre de l'univers, du cosmos. Par la pratique de zazen, ici et maintenant, à travers notre être tout entier, nous existons au centre du système cosmique. C'est la plus haute dimension que nous puissions atteindre.

Cette vérité ne peut être atteinte à travers une conception purement matérialiste ou purement spiritualiste. Une troisième conception de l'univers serait la fusion de ces deux visions ; pas un mélange, pas un juste milieu, mais une profonde harmonie, car esprit et matière ne sont pas séparés, ils sont interdépendants comme dans l'être humain.

En Europe, les philosophes ont essayé de réaliser cette fusion de l'esprit et de la matière, mais à un niveau peu profond, uniquement intellectuel.

Si cette conception atteint le niveau spirituel et devient objet de foi, elle peut acquérir un pouvoir profond et une force qui signifieraient l'harmonie de la connaissance et des sens, de l'esprit et de la matière, de l'objet et du sujet, de la substance et de l'essence, de l'un et du multiple, du mortel et de l'immortel, au-delà des catégories relatives et des contradictions. Cette troisième vision de l'univers, je l'appelle Zen. Ce nom gêne certaines personnes, mais ce n'est qu'un mot pratique.

Durant zazen :

mettez de l'énergie dans votre posture, sinon elle est comme de la bière éventée dans une bouteille ouverte depuis la veille...

Il faut être comme un général à cheval devant son armée...

La posture doit être comme celle d'un lion ou d'un tigre et non pas celle d'un porc endormi...

Si votre posture est juste, elle influence vos nerfs autonomes et votre cerveau profond. Votre cerveau externe devient calme et tranquille. Votre intuition devient forte.

Par zazen et par zazen seulement, vos muscles et vos tendons en juste tension influencent votre parasympathique et votre orthosympathique. Leurs fonctions sont opposées et complémentaires et si votre tension est bonne, elle équilibre leurs deux forces.

Les bras doivent être légèrement écartés du corps. Vous devez avoir une tension dans les mains et spécialement dans les doigts. Les pouces doivent être en jonction et horizontaux : pas de montagne, pas de vallée...

Shin, l'esprit

Le ciel se désintègre et se transforme en poussières,
La grande terre devient paisible et personne ne peut la
    voir.
L'arbre sec fait fleurir brusquement sa seule fleur.
Appelant à nouveau un printemps au-delà de l'histoire.

Enseignement de Daichi
au samouraï Kikuchi,
dans la neige.

Ce poème traite de l'état du corps et de la conscience en zazen : la substance même de zazen s'y trouve décrite. En effet, lorsqu'on a pris cette posture, tout le cosmos tangible se métamorphose en particules microscopiques dans notre être. Et notre être lui-même... où est-il ? Rien de mystérieux ou d'ésotérique en cela. Si la paix de l'esprit se crée en zazen, dans la parfaite concentration du corps, alors le monde des phénomènes devient pur comme un cristal et tout apparaît clair dans la voie. Notre conscience devient paisible, calme comme de la neige, qui vient de tomber sur un paysage ancien.

Mais nous ne devons ni nous attacher à la terre de cristal, ni au ciel vide, ni à la neige blanche, ni au vide *(ku)*, ni aux phénomènes *(shiki)*... Nous devons abandonner tout attachement et être simplement là, concentrés en zazen.

Ici et maintenant

Postface

Dans les arts, le Zen occupe une place de choix. Certains sont spécifiquement Zen, même sur un plan historique pur, tels la cérémonie du thé, l'art des fleurs, une part importante de l'art des jardins, et l'art de la poterie pour toute une période de son évolution. D'autres furent profondément transformés et pour ainsi dire recréés par le Zen, comme la peinture calligraphique, et les arts martiaux.

Lorsque le Zen arriva au Japon, il trouva un peuple dont la guerre était l'occupation habituelle : guerres civiles, violences, spoliations, massacres, déportations, séparations, étaient, du nord au sud de ce pays, le sort commun des Japonais de cette époque. Ce fut le génie du Zen de transformer les techniques brutales de la guerre en arts qui ne se souciaient plus du tout de l'efficacité guerrière mais de la recherche de soi-même. Toutes ces techniques devinrent des méthodes d'amélioration spirituelle. Le sabre, l'arc et la flèche n'étaient plus des instruments de mort, mais des supports de méditation. Ce combat devint un combat purement spirituel, l'ennemi fut découvert en soi-même, dans les illusions de l'ego qui nous empêchent de voir notre vraie nature, et qu'il faut sans pitié détruire. Sous cette influence merveilleuse, naquit le Bushido, ensemble de principes moraux, code d'honneur, discipline chevaleresque qui recommande la culture des qualités physiques et morales, le courage la simplicité et la frugalité la loyauté et la justice le désintéressement et le mépris de la mort. Tant et si bien que le Zen fut appelé « la religion des samouraïs ».

Apparents ou cachés, on retrouve tous ces éléments dans les arts martiaux modernes, et plus spécialement dans le kendo, dans le iaïdo, art de la manipulation du sabre véritable, et dans le tir à l'arc. On les retrouve aussi dans l'esprit de l'aïkido, codification moderne des arts de self-defence les plus anciens. Ils existent encore, mais d'une manière moins apparente, dans le judo.

Quel que soit l'art que vous pratiquez, quelle que soit la manière dont vous le pratiquez, suivant votre tempérament, vous ne pouvez empêcher qu'un jour ou l'autre, vous rencontriez le Zen et que vous soyez profondément imprégnés par son essence. Il peut vous aider dans cette lutte de tous les instants qu'est la vie moderne, et vous permettre, mieux que toute autre influence spirituelle, de trouver cet équilibre physique et moral que chercher si avidement l'homme du XXe siècle.

Un homme, un jour, voyait, du haut d'un promontoire, la mer pour la première fois de sa vie.

« Que c'est beau ! Que c'est grand ! disait-il, le souffle coupé.

— Et encore, lui dit son ami, vous ne voyez que la surface ! »

Le Zen et mon maître Taïsen Deshimaru m'ont appris à ne pas voir de la mer que la surface, du monde que l'extérieur, de l'homme que l'enveloppe, des arts martiaux que les techniques. Ils m'ont appris à trouver, à travers leur rude éducation et non sans douleurs parfois, le véritable sens des arts martiaux et le véritable sens de la vie.

Je souhaite que les lecteurs de ce livre et tous les pratiquants d'arts martiaux sachent eux aussi appré-

cier et retenir cette inestimable merveille que Taïsen Deshimaru Roshi leur offre avec toute son expérience des arts martiaux éclairée dans ses profondeurs et sublimée par son enseignement : cet enseignement supérieur, c'est zazen, la méditation assise du Zen, qui est le commun dénominateur et le point où culminent toutes les pratiques, tous les arts, toutes les manières de vivre.

Docteur CLAUDE DURIX

3e dan de Judo — 3e dan de Kendo
2e dan de Iaïdo — 2e dan d'Aïkido

Glossaire

AIKIDO : Voie de l'harmonie avec le système cosmique.

BODHISATTVA : « Bouddha vivant ». Chacun peut réaliser qu'il l'est, et consacrer sa vie à aider les autres hommes, en participant à la réalité sociale. Rien ne le distingue d'eux, mais son esprit est Bouddha.

BOUDDHA : « L'éveillé ».

BUDO : Les arts martiaux. La Voie des samouraïs, exactement : le *bushido*. *Budo* est la voie du combat. Mais le *kanji bu* signifie véritablement : arrêter l'épée, cesser d'utiliser l'épée, cesser de se battre.

DOJO : Lieu où l'on pratique la méditation Zen.

EGO : Le petit moi, possessif et limité, qu'il faut détruire, dans la mesure où il est fait d'illusions, alors que chacun tend à lui attribuer une réalité véritable.

HISHIRYO : Penser sans penser. Au-delà de la pensée.

JUDO : Vaincre la force par la douceur.

KAMAE : Attitude, posture : très importante dans les arts martiaux.

KATA : « Forme » du Budo. Tous les arts martiaux, judo, kendo, aïkido, etc., ont des *kata* : forme, action, entraînement pour vaincre. Les débutants doivent apprendre les *kata*, les assimiler, les utiliser et ensuite créer à partir d'eux, de cette forme originale spécifique à chacun des arts martiaux.

KATSU : Trois significations (même prononciation) :
1. Gagner.
2. Pousser un cri spécial d'une voix forte.
3. Technique pour réveiller le *ki*, pour ranimer la vie.

KENDO : Combat au sabre.

KI : Activité invisible emplie de l'énergie du cosmos. Devient l'énergie du corps, dans toutes ses cellules.

KOAN : Originellement, loi, principe de gouvernement. Problème contradictoire de l'existence. Principe de vérité éternelle transmis par un maître.

KU : Vacuité. L'existence sans noumène. En Bouddhisme, c'est aussi : l'Invisible. Concept identique au concept de Dieu.
Toutes les existences du cosmos existent mais on ne peut en saisir le noumène, l'essence.

MONDO : Questions et réponses entre maître et disciples.

MUSHOᴉOKU : Sans but ni esprit de profit.

RINZAI : En chinois *lin tsi*. Dans la secte Rinzaï, on utilise plus formellement les koans. Le zazen, que l'on pratique face au centre du dojo, est devenu une méthode pour atteindre le satori.

SAMPAI : Prosternation devant le Bouddha ou devant le Maître, front contre terre, les paumes des mains dirigées vers le ciel de chaque côté de la tête (symboliquement pour recevoir les pas du Bouddha).

SATORI : S'éveiller à la vérité cosmique.

SESSHIN : Période d'entraînement intensif au zazen. Un à plusieurs jours de vie collective, de concentration et de silence dans le dojo, on fait quatre à cinq heures de zazen par jour, entrecoupées de conférences, mondo, travail manuel (samu), et repas.

SHIKANTAZA : Seulement s'asseoir, se concentrer sur la pratique du zazen.

SHIKI : Les phénomènes, le monde visible.

YAWARA : Le judo traditionnel.

ZEN : *Tch'an* en chinois ; *Dhyana* en sanscrit. Vrai et profond silence. Habituellement traduit par : concentration, méditation sans objet ; l'esprit originel et pur de l'être humain.

Table

EXTRAITS DU CATALOGUE

Spiritualités vivantes

Espaces libres

Albin Michel Spiritualités / Grand format

Vers le Vide, Saigyô, poèmes commentés et traduits par Abdelwahab Meddeb et Hiromi Tsukui.
Le Zen autrement, Stephan Schuhmacher.
Derniers Écrits au bord du vide, D. T. Suzuki.
Rien qu'un sac de peau, le zen et l'art de Hakuin, Kazuaki Tanahashi.
La Paix en soi, la paix en marche, Thich Nhat Hanh.

Beaux Livres

L'Univers du Zen. Histoire, spiritualité, civilisation, de Jacques Brosse.
Zen, Laurent Kaltenbach, Michel Bovay et Evelyn de Smedt.

Carnets de sagesse

Paroles zen, Marc de Smedt et Taisen Deshimaru.

Les Carnets du calligraphe

Poèmes zen de Maître Dôgen, traduits et présentés par Jacques Brosse, calligraphies de Hachiro Kanno.
Le Sabre et le Pinceau. Poèmes anciens du Japon, de Maître Akeji.

« *Spiritualités vivantes* »
Collection fondée par Jean Herbert

au format de poche

DERNIERS TITRES PARUS

Impression CPI Bussière en janvier 2017
à Saint-Amand-Montrond (Cher)
Éditions Albin Michel
22, rue Huyghens, 75014 Paris
www.albin-michel.fr
ISBN 978-2-226-01788-8
ISSN 0755-1746
N° d'édition : 02485/16 – N° d'impression : 2027804
Dépôt légal : août 1983
Imprimé en France